독자의 1초를
아껴주는 정성을
만나보세요!

세상이 아무리 바쁘게 돌아가더라도 책까지 아무렇게나 빨리 만들 수는 없습니다.
인스턴트 식품 같은 책보다 오래 익힌 술이나 장맛이 밴 책을 만들고 싶습니다.
땀 흘리며 일하는 당신을 위해 한 권 한 권 마음을 다해 만들겠습니다.
마지막 페이지에서 만날 새로운 당신을 위해 더 나은 길을 준비하겠습니다.

모두의 마이크로비트

Micro:bit for Everyone

초판 발행 · 2021년 4월 30일
초판 5쇄 발행 · 2024년 5월 24일

지은이 · 아이씨뱅큐, 에스엔소프트
발행인 · 이종원
발행처 · (주)도서출판 길벗
출판사 등록일 · 1990년 12월 24일
주소 · 서울시 마포구 월드컵로 10길 56(서교동)
대표전화 · 02)332-0931 | **팩스** · 02)323-0586
홈페이지 · www.gilbut.co.kr | **이메일** · gilbut@gilbut.co.kr

기획 및 책임편집 · 이다인(dilee@gilbut.co.kr) | **디자인** · 여동일 | **제작** · 이준호, 손일순, 이진혁
영업마케팅 · 임태호, 전선하, 차명환, 박민영, 지운집, 박성용 | **영업관리** · 김명자 | **독자지원** · 윤정아, 최희창

교정교열 · 이슬 | **전산편집** · 도설아 | **출력 및 인쇄** · 예림인쇄 | **제본** · 예림바인딩

ISBN 979-11-6521-542-2 93000 (길벗 도서번호 080233)

정가 22,000원

....

독자의 1초를 아껴주는 정성 길벗출판사

길벗 | IT실용서, IT/일반 수험서, IT전문서, 경제실용서, 취미실용서, 건강실용서, 자녀교육서
더퀘스트 | 인문교양서, 비즈니스서
길벗이지톡 | 어학단행본, 어학수험서
길벗스쿨 | 국어학습서, 수학학습서, 유아학습서, 어학학습서, 어린이교양서, 교과서

페이스북 · www.facebook.com/gbitbook

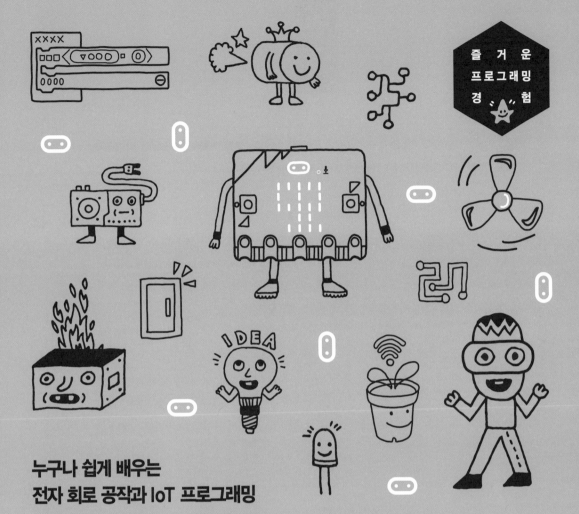

즐거운
프로그래밍
경험

누구나 쉽게 배우는
전자 회로 공작과 IoT 프로그래밍

모두의
마이크로비트

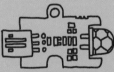
micro:bit

아이씨뱅큐, 에스엔소프트 지음

길벗

일상에서 활용할 수 있는 프로젝트 위주로 구성되어 아이들이 흥미있게 학습할 수 있었습니다. 코딩과 메이킹을 동시에 충족시켜 주는 좋은 교재가 될 것이라 생각합니다.

강영진 | 학부모

마이크로비트에 IoT 프로그래밍을 더해 마이크로비트 프로젝트의 수준을 한 단계 끌어올린 책입니다. 이 책의 내용을 처음부터 끝까지 천천히 따라 하면 기초적인 프로젝트부터 Thingspeak와 같은 IoT 플랫폼을 활용한 프로젝트까지 모두 배울 수 있습니다. 친절한 설명과 상세한 이미지는 물론, 누구나 쉽게 따라 할 수 있도록 주변에서 구하기 쉬운 재료를 이용하여 메이킹하는 모습을 보여 준 점도 좋았습니다.

김정화 | 코딩 강사

이 책은 다양한 센서를 이용하여 실생활에 활용할 수 있는 예제를 만드는 과정을 상세하게 설명하므로 마이크로비트를 처음 접하는 사람도 쉽게 따라 할 수 있습니다. 또한 IoT 플랫폼을 이용한 프로젝트를 진행하면서 IoT 시스템을 이해하는 데 도움을 줍니다. 무엇보다 메이킹과 코딩을 통해 융합적인 결과물을 만들 수 있다는 것이 큰 장점이라 생각합니다.

신윤경 | 코딩 강사

> 66
> 이 책이 출간되기 전에
> 최초의 독자가 먼저 읽고 따라해 보았습니다.
> 베타테스트에 참여해 주신 모든 분께 감사드립니다!
> 99

마냥 어렵고 다가가기 어려웠던 코딩과 IoT(사물인터넷) 프로그래밍! 최근 스마트홈의 인기와 더불어 IoT 프로그래밍이 더욱 부각되고 있습니다. 더구나 요즘에는 초등 교육부터 코딩을 배우는 만큼 그 중요성도 높아지고 있어요. 그럼에도 아직까지 코딩을 어떻게 시작해야 하는지 어려워하는 분들이 많습니다. 그러한 고민을 해결하기 위해 만들어진 교구가 바로 '마이크로비트'입니다. 마이크로비트는 2016년 영국 BBC에서 학생과 교사들이 더욱 쉽게 코딩을 배우기 위해 만들어졌습니다. 실제로 영국에서는 2016년에만 이미 백만 대가 공급되었다고 하니 쉽게 코딩을 배우고 싶은 사람이 얼마나 많았는지 알 수 있겠죠? 수년이 지난 지금 우리나라 역시 코딩 교육의 인기가 식지 않고 있는데요. 그래서인지 국내에서도 마이크로비트 수요가 급증했습니다.

이 책은 이러한 마이크로비트를 사용하여 어렵게만 느껴졌던 코딩과 IoT 프로그래밍을 쉽게 배울 수 있도록 도와줍니다. 마이크로비트는 엔트리나 스크래치처럼 MakeCode(메이크코드)라는 편집기에서 블록을 조립하는 방식으로 프로그래밍하므로 코딩을 처음 배우는 사람도 쉽게 시작할 수 있습니다. 특히 이 책은 다양한 부품을 연결하고, 연결한 하드웨어를 꾸미고, 연결된 부품들이 제 역할을 하도록 코딩하는 과정을 반복하면서 집과 학교 등 일상에서 적용할 수 있는 다양한 IoT 프로젝트를 만들고, 이를 통해 IoT 시스템을 충분히 이해하도록 돕습니다. 그러므로 코딩을 처음 배우려는 학생도, 만들기 좋아하는 평범한 직장인 메이커도, 우리 아이에게 재밌게 코딩을 가르쳐 주고 싶은 부모님도, 말 안 듣는 제자에게 코딩을 흥미있게 가르쳐야 하는 선생님까지 이 책으로 스마트 월드에 한층 더 가까워질 수 있습니다.

끝으로 이 책을 쓰는 데 많은 격려를 해 주신 모든 관계자 분께 감사드리며, 집필 기간 동안 많은 고민과 아이디어를 함께 나눈 필진(권은정, 권지선, 김용재, 석기환, 심은주, 최선희, 홍성현)께도 감사의 마음을 전합니다. 또한, 책이 나오기까지 많은 노력을 해 주신 길벗 출판사에도 감사를 전합니다.

아이씨뱅큐 × 에스엔소프트

이 책의 구성과 활용법

이 책은 다음과 같이 크게 세 부분으로 나뉩니다.

마이크로비트 알아보기 ▶ 0장	마이크로비트가 무엇인지 알아보고 아주 간단한 프로그램을 만들면서 마이크로비트 편집기의 화면 구성과 사용법을 배웁니다.
마이크로비트 연습하기 ▶ 1~12장	다양한 부품과 일상에서 쉽게 구할 수 있는 재료를 사용해 물을 아끼는 절수기, 온도가 오르면 켜지는 선풍기, 다가가면 뚜껑이 열리는 쓰레기통, 전기를 절약하는 원격 스위치 등 IoT 프로젝트를 만들어 봅니다.
마이크로비트 고수되기 ▶ 13~14장	앞에서 만들어본 프로젝트를 응용하여 우리가 많은 시간을 보내는 학교나 도시를 스마트스쿨과 스마트 시티로 만들어 봅니다. 이렇게 프로젝트를 만드는 경험을 통해서 우리의 일상생활에 깊이 들어와 있는 IoT 시스템을 이해할 수 있습니다.

본격적으로 프로젝트를 만드는 1장부터 12장까지는 하나의 프로젝트를 만들 때마다 다음과 같은 구성을 따라 하며 프로젝트를 완성합니다.

- **준비하기** 프로젝트에 필요한 '주요 부품'이나 '코딩 이론'을 간단히 배우고, 이 프로젝트를 코딩하기 위한 '알고리즘'을 살펴봅니다.
- **만들기** 프로젝트를 만드는 데 필요한 모든 부품과 재료를 준비한 후 설명에 따라 하드웨어를 연결하고 겉모습을 꾸밉니다.
- **코딩하기** 마이크로비트의 블록 코딩 편집기인 MakeCode에서 블록을 조립해 프로젝트를 완성합니다. 코딩하기 부분은 '코딩 시작하기-초기화하기-알고리즘에 따라 코딩하기-업로드하기'로 구성되어 있어 코딩을 처음 배우는 분도 쉽게 따라 할 수 있습니다.
- **검토하기** 프로젝트가 제대로 동작하는지 '체크리스트'를 보면서 확인합니다. 프로젝트가 잘 동작하지 않으면 '왜 안 될까요?'를 보면서 프로젝트를 다시 살펴봅니다.

예제 파일 내려받기

책에 나오는 모든 예제 프로그램은 완성된 파일 형태로 내려받을 수 있습니다. 책을 보면서 하나씩 직접 만들어 본 후 완성된 예제를 내려받아 비교해 보세요.

① 길벗출판사 홈페이지(www.gilbut.co.kr)에 접속합니다.

② 검색창에 도서명 [모두의 마이크로비트]를 검색한 후 [실습 예제]를 선택하여 원하는 폴더에 예제 파일을 내려받습니다.

③ 내려받은 파일의 압축을 풉니다.

④ MakeCode 편집기 '처음화면'에서 [가져오기] → [파일 가져오기…] → [파일 선택] 버튼을 클릭합니다.

⑤ 예제 파일이 있는 폴더에서 원하는 파일을 선택한 후 [열기] 버튼을 눌러 파일을 가져온 뒤 [계속 진행하세요!]를 클릭하면 예제를 확인할 수 있습니다.

부품 구매하기

이 책에 사용한 모든 부품은 개별적으로 혹은 키트 형태로 ICbanQ(https://www.icbanq.com/)에서 구매할 수 있습니다. 검색창에 도서명 [모두의 마이크로비트]를 검색하거나 [부품 이름]을 검색합니다.

목 차

14장   스마트 시티 만들기   285

마이크로비트가
무엇일까요?

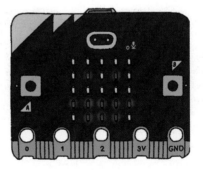

0.1 마이크로비트란?

마이크로비트는 영국에서 온 신용카드 반 만한 크기의 마이크로 컨트롤러, 즉 미니 컴퓨터입니다. 이 작은 컴퓨터를 누구나 쉽게 시작할 수 있는 블록 코딩과 다양한 확장 보드를 함께 사용하면 아주 간단한 전자 공작부터 로봇 시스템이나 IoT 시스템까지 만들 수 있는 프로젝트가 무궁무진하답니다. 그럼, 마이크로비트가 어떻게 생겼는지 자세히 알아볼까요?

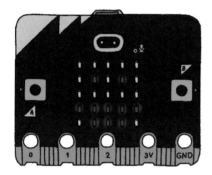

그림 0-1 | 마이크로비트의 실제 크기

마이크로비트의 구조

마이크로비트가 어떻게 구성되어 있는지 살펴보겠습니다.

그림 0-2 | 마이크로비트의 앞면과 뒷면

❶ **터치 센서:** 마이크로비트 앞면에 있는 마이크로비트 로고에 터치 센서가 내장되어 있어 스위치처럼 입력 동작으로 사용할 수 있습니다.

❷ **마이크 LED:** 마이크 기능이 활성화되거나 전원이 공급될 때 LED 등에 불빛이 표시됩니다.

❸ **LED 스크린(조도 센서):** 마이크로비트는 5×5로 이루어진 LED에 조도 센서가 내장되어 있어 LED로 다양한 표현을 할 수 있을 뿐 아니라 빛의 세기까지 감지할 수 있습니다.

❹ **스위치(A, B):** 간단히 조작할 수 있는 버튼형 스위치가 내장되어 있습니다. A, B 스위치 각각을 눌러 동작시킬 수 있고, A+B와 같이 두 개의 스위치를 동시에 눌러 동작시킬 수도 있습니다.

❺ **I/O 핀:** 외부 장치와 연결하기 위해 위치한 I/O 핀(Input/Output pin)은 악어 클립을 연결해서 사용하거나 엣지 형태의 다양한 확장 보드와 연결하여 더욱 더 많은 센서와 모듈을 연결할 수 있습니다.

❻ **블루투스 안테나:** 블루투스로 다른 기기와 연결할 때 사용하는 안테나로, 이 블루투스 안테나 덕분에 마이크로비트를 태블릿/노트북/스마트폰과 연결할 수 있습니다.

❼ **마이크로 USB 커넥터:** 마이크로 USB 커넥터는 기본적으로 스마트폰 충전에 사용되는 마이크로 5핀 단자와 호환됩니다. 이 커넥터를 통해 전원을 공급하거나 데이터를 주고받을 수 있습니다.

❽ **리셋 스위치:** 기기의 동작이 이상하거나 동작을 처음부터 확인하고 싶을 때 사용할 수 있는 리셋 스위치입니다.

❾ **배터리 커넥터:** 전원을 공급하는 보조 배터리 팩과 연결할 수 있는 커넥터입니다.

❿ **CPU(32bit ARM Cortex M0/Bluetooth):** 마이크로비트의 중심인 '뇌'의 역할을 하는 마이크로 컨트롤러(MCU)입니다.

⓫ **USB 컨트롤러:** USB를 제어하기 위한 컨트롤러입니다.

⓬ **가속도 센서, 나침반 센서:** 가속도 센서는 흔들림, 기울임, 자유 낙하 같은 동작을 감지하고, 나침반 센서는 지구 자기장을 감지하여 마이크로비트가 어느 방향을 향하고 있는지 감지합니다.

⓭ **스피커:** 핀의 PWM을 통해 사운드를 출력하는 것 외에도 마이크로비트에는 자체적으로 사운드를 출력할 수 있는 스피커가 내장되어 있습니다.

⓮ **마이크:** 마이크로비트에 내장된 마이크는 소리 입력이 가능하여 외부의 소음을 확인할 수 있습니다.

0.2 마이크로비트의 블록 코드 프로그램 MakeCode

마이크로비트는 마이크로소프트에서 개발한 MakeCode(메이크코드)라는 프로그램을 사용합니다. 색으로 구분된 다양한 기능의 블록을 조립하는 방법으로 코딩을 배울 수 있습니다. 특히 MakeCode는 웹 코딩을 지원하므로 인터넷 환경만 구축이 되어 있다면 따로 프로그램을 설치하지 않고 바로 코딩을 시작할 수 있습니다.

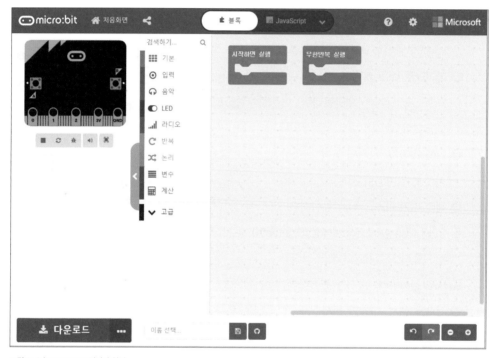

그림 0-3 | MakeCode 편집기 화면

편집기 화면의 왼쪽에 보이는 마이크로비트 화면은 '시뮬레이터'입니다. 실물 마이크로비트가 없을 때 이 시뮬레이터를 통해 코딩 결과를 어느 정도 확인할 수 있습니다.

그 옆에는 기본, 입력, 음악, LED, 라디오, 반복, 논리, 변수, 계산, 고급 기능(함수)이 다양한 색으로 구분되어 있습니다. 원하는 기능을 클릭하면 다양한 블록을 볼 수 있는데, 이 블록들을 오른쪽 화면으로 드래그하여 블록을 조립할 수 있습니다.

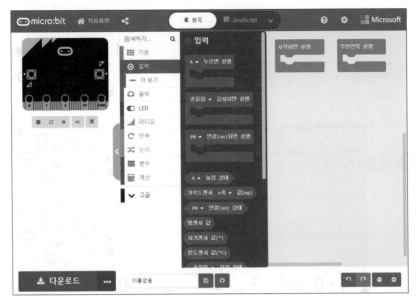

그림 0-4 | MakeCode의 다양한 블록들

그럼 이 블록들이 어떤 기능을 하는지 자세히 살펴볼까요?

코드 블록 알아보기

① 기본

기본 꾸러미에는 마이크로비트에서 가장 많이 사용되는 기초적인 기능의 블록들이 모여 있습니다. 시작하면 실행, 무한반복 실행, LED 출력, 일시중지 100(ms) 등 프로그램에 꼭 사용되는 필수 기능이 많습니다.

그림 0-5 | 기본 블록들

② 입력

입력 꾸러미에는 마이크로비트에 내장된 버튼과 센서들을 이용하는 블록들이 모여 있습니다. A 누르면 실행 , 빛센서 값 , 온도센서 값 등 온도나 빛의 세기, 나침반 각도, 기울기 등의 수치를 받아오는 역할을 합니다.

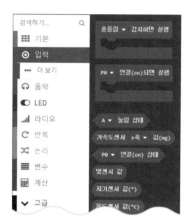

그림 0-6 | 입력 블록들

③ 소리

소리 꾸러미에는 마이크로비트에서 소리를 출력하거나 소리를 감지하는 블록들이 모여 있습니다. 도 1박자 출력 , 다다둠 멜로디 한 번 출력 등 다양한 멜로디를 출력하거나 음의 높낮이나 박자를 세부적으로 조절하여 여러분만의 멜로디를 만들 수 있습니다.

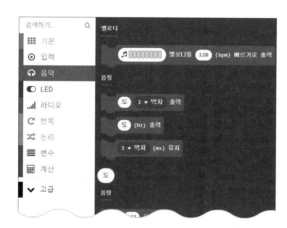

그림 0-7 | 음악 블록들

④ LED

LED 꾸러미에는 마이크로비트의 LED 스크린을 상세하게 코딩하게 해주는 블록들이 모여 있습니다. `LED 켜기 x0 y0`, `LED 상태 x0 y0` 등 LED 스크린의 특정 LED를 켜거나 끌 수 있고, 특정 LED의 상태도 확인할 수 있습니다.

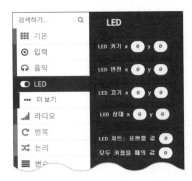

그림 0-8 | LED 블록들

⑤ 라디오

라디오 꾸러미에는 여러 개의 마이크로비트를 사용할 때 마이크로비트끼리 무선 통신을 지원해 주는 블록들이 모여 있습니다. `라디오 그룹을 1로 설정`, `라디오 전송:수 0` 등의 블록을 사용하여 두 개 이상의 마이크로비트를 한쪽은 송신기, 한쪽은 수신기로 사용하여 RC카 등을 만들 때 사용합니다.

그림 0-9 | 라디오 블록들

6 반복

반복 꾸러미에는 마이크로비트에서 어떠한 동작을 반복으로 수행할 때 사용되는 블록들이 모여 있습니다. 반복(repeat): 4회 , 반복(while): 참(true)인 동안 실행 등 코딩을 배울 때 가장 기본적인 조건문인 While 문과 for 문을 담당합니다.

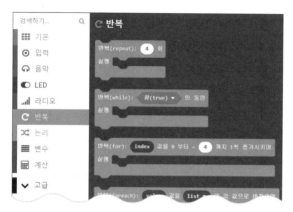

그림 0-10 | 반복 블록들

7 논리

논리 꾸러미에는 마이크로비트에서 가장 중요하게 쓰이는 논리, 조건 담당 블록들이 모여 있습니다. 만약(if) 참(true)이면(then) 실행 , 0 = 0 , ( ) 또는(or) ( ) 등 이 역시 코딩을 배울 때 가장 기본적인 조건문 중 하나인 if 문과 각종 비교 연산자가 포함되어 있습니다.

그림 0-11 | 논리 블록들

⑧ 변수

변수 꾸러미에는 마이크로비트에서 변수를 생성할 때 사용되는 블록들이 모여 있습니다.
`변수에 0 저장`, `변수 값 1 증가` 등 논리와 마찬가지로 변수를 잘 사용하면 완성도 높은 작품을
만들 수 있기 때문에 매우 중요한 역할을 하고 있습니다.

그림 0-12 | 변수 만들기와 변수 블록들

⑨ 계산

계산 꾸러미에는 마이크로비트에서 사칙 연산을 담당하는 블록들이 모여 있습니다. `0 더하`
`기(+) 0`, `0부터 10까지의 정수 랜덤값` 등의 블록이 있으며 주로 변수와 함께 사용됩니다.

그림 0-13 | 계산 블록들

이제 블록에 대해 어느 정도 알아봤으니 간단한 프로젝트를 만들면서 마이크로비트와 조금 더
친해져 봅시다.

가장 간단한 프로젝트를 하나 만들어보겠습니다. 처음 누군가를 만날 때 우리는 서로의 이름을 소개하고는 하는데요. 이때 마이크로비트를 마치 명함처럼 사용해 보도록 하겠습니다.

코딩 시작하기

❶ MakeCode 편집기에 접속합니다.

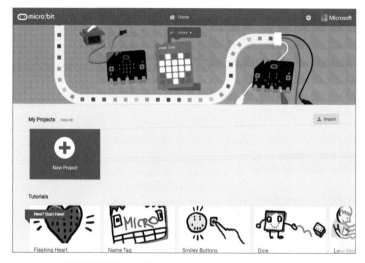

- MakeCode 편집기 바로가기 | https://makecode.microbit.org/

❷ 사이트에 처음 방문하면 언어가 'English'로 설정되어 있습니다. 상단 **톱니바퀴**를 클릭하고 **Language**를 선택합니다.

❸ Select Language 화면이 나오면 **한국어**를 선택합니다.

❹ 언어가 한국어로 설정되면 새 프로젝트를 만들기 위해 **새 프로젝트**를 클릭합니다.

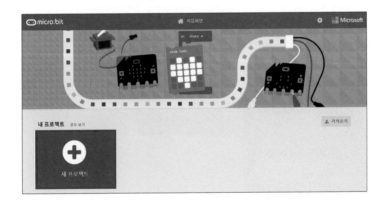

❺ 프로젝트 만들기 창이 나타나면 이름을 **이름표**라고 입력하고 **생성**을 클릭합니다.

⑥ 프로젝트가 시작되면 시작하면 실행 블록과 무한반복 실행 블록이 보입니다. 여기서는 무한반복 실행 블록만 사용할 것이므로 시작하면 실행 블록을 삭제하겠습니다. 블록 위에서 마우스 오른쪽 버튼을 클릭하고 **블록 삭제**를 클릭합니다.

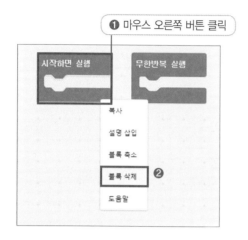

⑦ 마이크로비트 LED 스크린에 문자를 출력하기 위해 기본 꾸러미를 클릭하고 문자열 출력 "Hello!" 블록을 가져와 무한 반복 실행 블록 아래에 연결합니다.

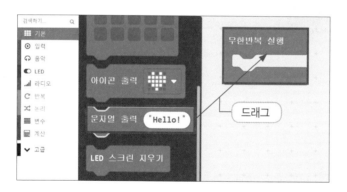

⑧ 문자열 출력 "Hello!" 블록의 "Hello!"를 클릭하고 여러분의 **영어 이름**을 입력합니다. 여기서는 Micro:bit를 입력했습니다.

클릭한 후 이름 입력

TIP
아쉽지만 마이크로비트의 LED 스크린은 한글을 지원하지 않습니다.

⑨ 여기까지 블록 코딩을 만들면 왼쪽에 보이는 시뮬레이터에 입력한 문자열이 흘러가는 걸 볼 수 있습니다.

⑩ 실제 마이크로비트에 이름을 출력하기 위해 완성한 코드를 마이크로비트에 업로드하겠습니다. 먼저, 편집기 하단의 다운로드 버튼을 클릭하여 완성한 코드를 내려받습니다.

⑪ 마이크로 5핀 USB 케이블을 사용하여 마이크로비트와 PC를 연결하면 MICROBIT 드라이브 창이 열립니다.

⑫ 앞에서 내려받은 hex 파일을 마우스 오른쪽 버튼을 클릭하여 복사하고, MICROBIT 드라이브에 붙여 넣습니다.

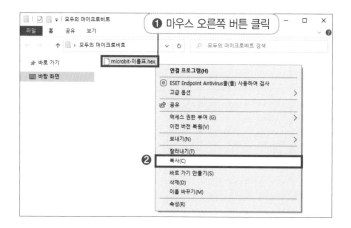

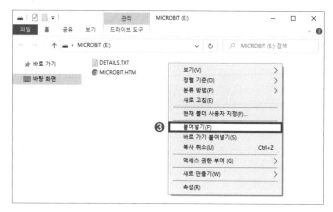

⑬ 다음과 같이 마이크로비트로 복사 중이라는 창이 사라지고 나면 마이크로비트에 여러분의 이름이 나타날 겁니다.

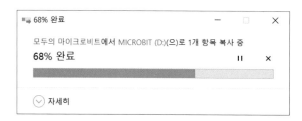

자, 이렇게 마이크로비트와 친해지기 위한 모든 과정을 알아보았습니다. 이제 본격적으로 모두의 마이크로비트를 만나러 가볼까요?

1장

안심 화분으로
쉽게 식물 키우기

식물을 시들지 않게 키우기 위해서는 물을 주는 시기를 잘 맞춰야 합니다. 만약 식물에 물이 필요할 때를 알려 주는 화분이 있다면 안심하고 식물을 키울 수 있겠죠? 지금부터 마이크로비트와 토양 습도 센서를 사용하여 식물에 물 주는 시기를 알려 주는 안심 화분을 만들어 보겠습니다.

먼저 토양의 습도를 측정하는 토양 습도 센서에 대해 알아보고, 말을 할 수 없는 식물을 대신해 토양에 수분이 부족하면 LED와 소리로 알려 주는 안심 화분의 알고리즘을 만들어 보겠습니다.

토양 습도 센서 알아보기

토양 습도 센서(soil moisture sensor)는 토양 내의 수분량에 따라 변하는 저항 값을 수치로 나타내 주는 부품입니다. 토양 내의 수분량이 적으면 센서의 저항이 커져 값이 작게 나오고, 수분량이 많으면 저항이 낮아져 값이 높게 측정됩니다. 이 장에서는 이러한 토양 습도 센서의 특징을 이용하여 수분량이 부족하면 알림을 울리는 안심 화분을 만들 수 있습니다.

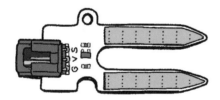

그림 1-1 | 토양 습도 센서

> **TIP** 모든 센서의 초기 측정값은 조금씩 다릅니다. 두 개의 토양 습도 센서를 같은 흙에 꽂고 측정해도 서로 다른 값으로 인식할 수 있기 때문에 한 프로젝트에서는 하나의 토양 습도 센서를 사용하는 것이 좋습니다.

안심 화분 알고리즘

안심 화분을 만들려면 어떻게 코딩해야 하는지 알고리즘으로 먼저 표현해 볼까요?

1 | 토양 습도 센서가 화분의 수분량을 측정합니다.

2 | 측정한 수분량이 충분한지 부족한지 판단합니다.

3 | 수분량이 부족하면

　　3-1 | 마이크로비트가 슬픈 표정을 출력하고

　　3-2 | 빨간색 LED가 켜지고

　　3-3 | 알람이 울립니다.

4 | 수분량이 충분하면

　　4-1 | 마이크로비트가 행복한 표정을 출력하고

　　4-2 | LED를 끄고

　　4-3 | 알람도 끕니다.

잠깐만요

알고리즘이란?

알고리즘은 주어진 문제를 해결하는 데 필요한 순서나 방법을 나열한 것입니다. 라면 끓이기를 예로 들어 설명해 볼까요? 라면 봉지 뒷면에는 라면을 맛있게 끓이는 방법이 순서대로 적혀 있는데요. 이때 '라면 끓이기'가 '문제'라고 한다면, 봉지 뒷면에 써 있는 '라면 끓이는 순서'가 바로 '알고리즘'이라고 할 수 있습니다. 즉, 프로젝트를 어떻게 코딩해야 하는지 구체적인 순서와 방법을 나타낸 것입니다. 알고리즘을 표현하는 방법은 여러 가지가 있지만, 여기서는 쉽고 알아보기 편한 방법인 일상언어(자연어)를 사용하여 알고리즘을 나타내겠습니다.

1.2　안심 화분 만들기

마이크로비트와 토양 습도 센서를 사용하여 하드웨어를 연결하고, 주변에서 쉽게 구할 수 있는 재료로 물이 부족하면 안내를 해주는 안심 화분을 만들어 보겠습니다.

준비물 준비하기

다음과 같이 필요한 부품과 꾸미기 재료를 준비합니다.

마이크로비트

iot:bit 확장 보드

토양 습도 센서

LED 모듈

AAA 배터리 박스와 건전지 2개

삼색 점퍼선 2개

꾸미기 재료: 하드보드지(또는 재활용 상자), 일회용 컵(또는 작은 화분), 휴지(또는 흙), 자, 가위(또는 칼), 펜

하드웨어 연결하기

1 iot:bit의 파란색 슬롯에 **마이크로비트**를 연결합니다.

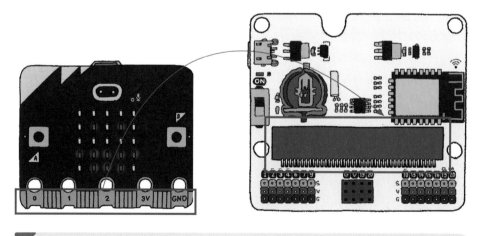

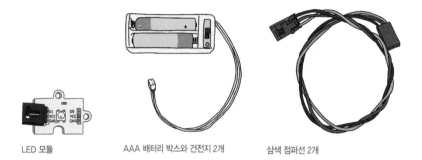

> **TIP** 위 그림과 같이 마이크로비트 앞면(버튼과 LED가 있는 부분)이 위로 보이도록 끼워 주세요.

② 수분량이 부족할 때 경고등을 켤 **LED 모듈**을 삼색 점퍼선을 사용하여 **iot:bit 1번 핀**에 연결합니다.

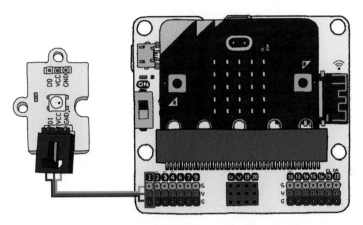

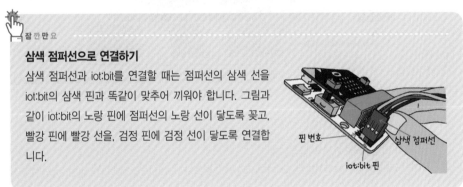

잠깐만요

삼색 점퍼선으로 연결하기

삼색 점퍼선과 iot:bit를 연결할 때는 점퍼선의 삼색 선을 iot:bit의 삼색 핀과 똑같이 맞추어 끼워야 합니다. 그림과 같이 iot:bit의 노랑 핀에 점퍼선의 노랑 선이 닿도록 꽂고, 빨강 핀에 빨강 선을, 검정 핀에 검정 선이 닿도록 연결합니다.

핀 번호 삼색 점퍼선

iot:bit 핀

③ **토양 습도 센서**를 삼색 점퍼선을 사용하여 **iot:bit 2번 핀**에 연결합니다.

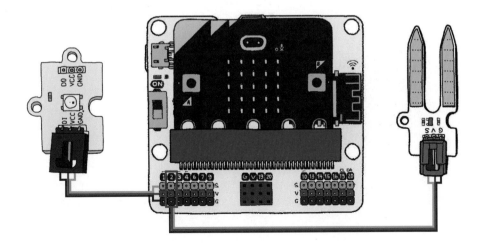

4 마이크로비트에 전원을 공급하기 위해 **AAA 배터리 박스**에 **AAA 건전지** 2개를 넣어 마이크로비트에 연결합니다.

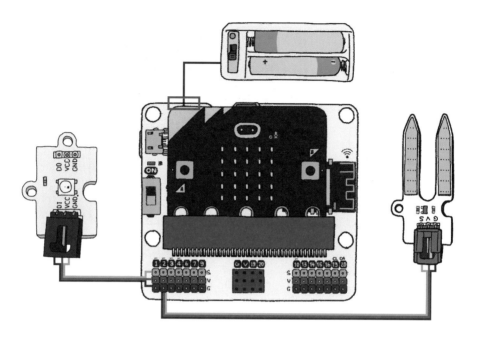

 잠깐만요

마이크로비트에 전원 공급하기

마이크로비트에 전원을 공급하는 방법은 두 가지입니다. 마이크로비트 뒷면에는 AAA 건전지와 배터리 박스를 연결하는 배터리 커넥터와 USB 케이블로 PC나 보조 배터리를 연결할 수 있는 USB 포트가 있습니다. 이 책에서는 배터리 커넥터에 AAA 건전지가 들어 있는 배터리 박스를 연결하기도 하고, USB 포트에 보조 배터리나 PC를 연결하기도 합니다.

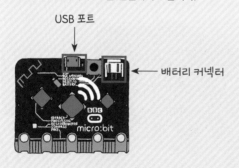

USB 포트

배터리 커넥터

겉모습 꾸미기

① 앞에서 만든 하드웨어를 주변에서 쉽게 구할 수 있는 재료들로 꾸며 보겠습니다. 하드보드
지나 재활용 상자, 자, 가위, 칼 등을 이용해 다음과 같이 전개도를 만들어 보세요.

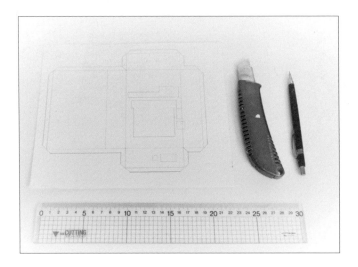

> **TIP** 전개도를 만드는 게 어렵다면 마이크로비트가 들어갈 만한 과자 박스나 장난감 포장 박스 등 주변에서 구할 수 있는 작은 상자를 사용해도
> 좋아요. 겉모습 꾸미기에서는 책을 따라 하기보다는 여러분의 미술 실력을 창의적으로 뽐내 보세요!

② 전개도에 마이크로비트와 iot:bit를 끼우고, LED 모듈과 토양 습도 센서는 상자 밖에서 보
이도록 붙입니다.

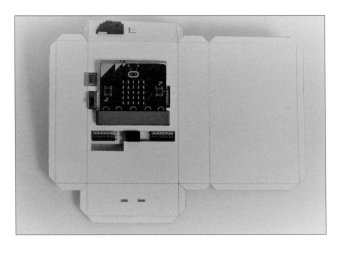

❸ 무거운 건전지나 부품들이 떨어지지 않도록 테이프로 상자에 잘 고정한 후 상자 모양으로 접습니다.

 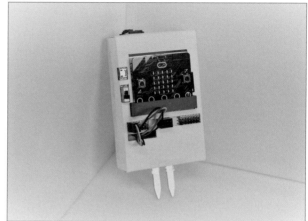

❹ 일회용 플라스틱 컵에 흙을 대신할 휴지를 넣어 화분을 채우고, 앞에서 만든 상자를 꽂으면 안심 화분이 완성됩니다.

TIP 여기서는 편의상 휴지에 물을 적셔 수분량을 측정하지만, 휴지 대신 진짜 흙을 사용해도 좋습니다.

◉ **완성 파일** microbit-안심화분.hex

이제 안심 화분이 제 기능을 할 수 있도록 코딩할 차례입니다. 앞에서 만들었던 알고리즘을 떠올리면서 어떻게 코딩하면 좋을지 생각해 보세요.

코딩 시작하기

❶ MakeCode 편집기 '처음화면'에서 **새 프로젝트**를 클릭합니다.

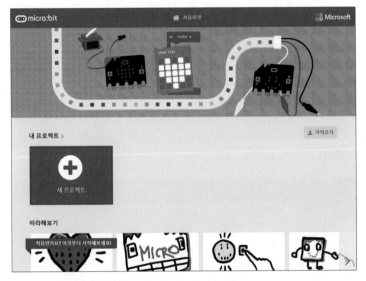

• **MakeCode 편집기 바로가기** | https://makecode.microbit.org/

❷ '프로젝트 만들기' 창이 나오면 빈칸에 **안심화분**이라고 입력하고 **생성** 버튼을 클릭합니다.

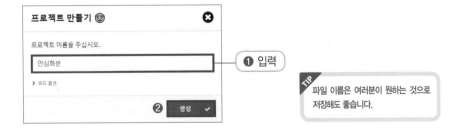

TIP
파일 이름은 여러분이 원하는 것으로
저장해도 좋습니다.

❸ 화분에 물이 부족하다는 것을 시각적으로 알려 줄 LED 모듈을 사용하려면 'Neopixel'이라는 확장 프로그램을 추가해야 합니다. **고급** 꾸러미를 클릭하여 숨겨진 꾸러미를 열고, **확장** 꾸러미를 선택합니다.

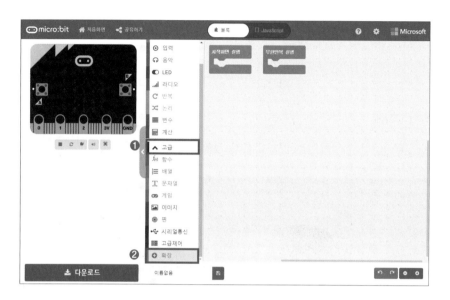

❹ 검색창에 **neopixel**을 입력하고, 해당 확장 프로그램을 클릭합니다.

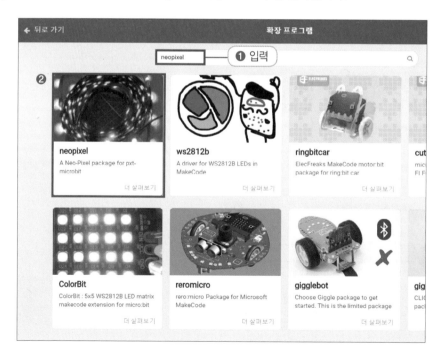

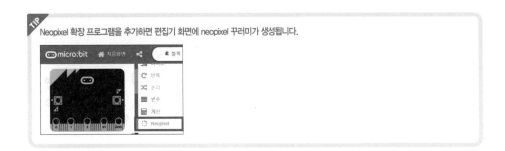

TIP Neopixel 확장 프로그램을 추가하면 편집기 화면에 neopixel 꾸러미가 생성됩니다.

변수 만들기와 초기화하기

① 이번에는 이 프로젝트에서 필요한 **변수**를 만들겠습니다. **변수** 꾸러미에서 **변수 만들기** 버튼을 클릭합니다.

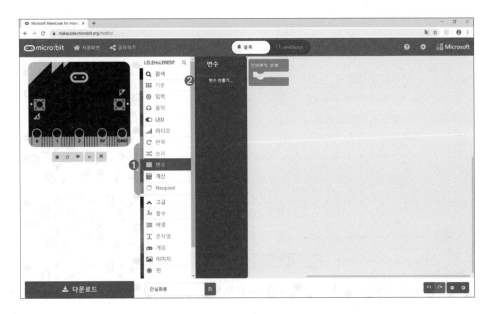

② **새 변수 이름** 창에 우리가 사용할 변수인 **LED**를 입력하고 **확인** 버튼을 클릭합니다.

❸ 다시 한 번 **변수** 꾸러미에서 **변수 만들기** 버튼을 클릭하고, **새 변수 이름** 창에 또 다른 변수인 **습도**를 입력하고 **확인** 버튼을 클릭합니다.

※ 이 장에서 사용하는 변수

변수 이름	설명
LED	LED를 켜고 끄거나 색을 설정하기 위한 변수
습도	토양 습도 센서가 측정한 수분량을 저장하는 변수

 잠깐만요

변수와 초기화

'변수'란 계속 변하는 값을 저장하는 공간입니다. 변수에는 센서가 측정하는 값을 저장하거나, 다른 값과 비교하거나 계산하는 데 사용할 값들을 저장할 수 있습니다. 그리고 이러한 변수를 사용할 때는 초기화가 필요합니다. '초기화'는 말 그대로, 변수가 최초에 어떤 상태(어떤 값)를 가지고 있는지 설정하는 것인데요. 변수를 어떤 상자에 비유한다면, 초기화는 상자 속에 여러분이 원하는 것을 넣기 위해 상자를 정리하는 것이라고 생각할 수 있습니다.

❹ iot:bit 1번 핀에 연결한 LED 모듈을 사용하기 위해 초기화하는 코드를 만들겠습니다. Neopixel 꾸러미에서 strip에 Neopixel at pin P0 with 24 leds as RGB (GRB format) 저장 블록을 가져와 시작하면 실행 블록 안쪽에 연결합니다.

TIP 시작하면 실행 블록은 마이크로비트가 실행될 때 처음 한 번만 실행됩니다. 보통 변수에 0을 저장하여 초기화하거나 핀 번호를 설정하기도 하고, 어떤 아이콘을 출력하여 마이크로비트가 새로 시작됨을 알리는 데 사용합니다.

⑤ 'strip' 변수를 **LED**로 바꾸고, 'P0'를 **P1**으로 바꾸고, '24' leds를 1로 바꿉니다.

> **TIP**
> 앞에서 LED 센서를 확장 보드의 1번 핀에 연결했던 기억이 나죠? 그리고 우리가 사용하는 LED 센서는 LED가 하나짜리이므로 24를 1로 고 쳤습니다.

⑥ 마이크로비트를 시작하면 '습도' 변수가 '0'으로 초기화되는 코드를 만들겠습니다. **변수** 꾸 러미에서 `strip에 0 저장` 블록을 가져와 `LED에` `Neopixel at pin P1 with 1 leds as RGB (GRB` `format) 저장` 블록 다음에 연결하고, 'strip' 변수를 **습도**로 바꿉니다.

> **TIP**
> `습도에 0 저장` 블록처럼 어떤 변수에 0을 저장하는 것은 마이크로비트의 전원이 켜질 때 이전에 저장했던 변수의 값을 0으로 만들어 초기 화하는 역할을 한답니다.

👆 **잠깐만요**

이런 경우에는 어떻게 코딩하나요?

1) 구형 마이크로비트를 사용할 경우

구형 마이크로비트에는 소리를 내는 기능이 없으므로 별도의 부저를 연결해 주어야 합니다. iot:bit의 6번 핀에 부저를 연결하고, 핀 꾸러미의 `핀 P6(출력전용)을 소리 출력으로 설정` 블록을 ⑥의 블록에 추가합니다.

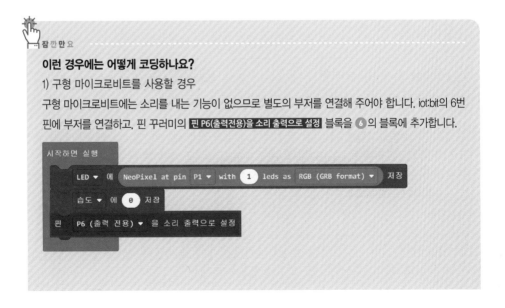

2) 신형 마이크로비트에 구형 iot:bit나 부저가 있는 다른 확장 보드를 사용할 경우

신형 마이크로비트에는 부저가 내장되어 있으므로 부저가 달린 확장 보드를 사용하면 부저가 두 개가
되므로 오류가 생길 수 있습니다. 이런 경우에는 ❻의 블록에 내장 스피커 끄기 블록을 추가하면 됩니다.

```
시작하면 실행
    LED ▼ 에   NeoPixel at pin P1 ▼ with 1 leds as RGB (GRB format) ▼   저장
    습도 ▼ 에  0  저장
    내장 스피커 끄기
```

알고리즘에 따라 코딩하기

❶ 이번에는 토양 습도 센서가 측정한 수분량을 '습도' 변수에 저장하는 코드를 만들겠습니다.
변수 꾸러미에서 strip에 0 저장 블록을 가져와 무한반복 실행 블록에 연결하고, 'strip' 변수를
습도로 바꿉니다.

> **TIP** 무한반복 실행 블록에 연결된 코드는 시작하면 실행 블록에 연결된 코드가 한 번 실행된 후에 실행되어 마이크로비트가 종료될 때까지
> 계속 반복하여 실행됩니다.

❷ **고급** 꾸러미를 눌러 **핀** 꾸러미를 선택하고, P0의 아날로그 입력 값 블록을 가져와 습도에 0 저
장 블록의 '0' 자리에 끼웁니다.

❸ 토양 습도 센서는 2번 핀에 연결했으므로 **P0의 아날로그 입력 값** 블록의 'P0'를 P2로 바꿉니다.

❹ 이제 토양 습도 센서가 측정한 값(수분량)이 충분한지 부족한지 판단하는 코딩을 해보겠습니다. **논리** 꾸러미에서 **만약(if) 참(true)이면(then) 실행/아니면(else) 실행** 블록을 가져와 다음과 같이 연결합니다.

 잠깐 만요

조건 블록

만약(if) 참(true)이면(then) 실행/아니면(else) 실행 블록은 어떤 조건이 있을 때 그 조건을 만족하면 **만약 (if) 참(true)이면(then) 실행** 아래의 코드를 실행하고, 조건을 만족하지 못하면 **아니면(else) 실행** 아래의 코드를 실행합니다. 이때 조건은 '참(true)' 부분에 끼웁니다.

여기서는 기준값을 500으로 정해 센서 값이 500보다 작으면 물이 부족하다고 판단하고, 500 이상이면 물이 충분하다고 판단하도록 조건을 만들고, 그에 따라 각각 다르게 작동하도록 코딩해 보겠습니다. 기준값으로 정한 500은 여러분의 토양 습도 센서 초깃값에 따라 더 작거나 크게 조절할 수 있습니다.

⑤ 그리고 **논리** 꾸러미에서 ０<０ 블록을 가져와 **만약(if) 참(true)이면(then) 실행/아니면(else) 실행** 블록의 '참(true)' 부분에 끼웁니다.

⑥ 습도가 500보다 작음을 표현하기 위해 ０<０ 블록의 첫 번째 '0' 부분을 **변수** 꾸러미의 **습도** 블록을 가져와 끼우고, 두 번째 '0' 부분을 **500**으로 바꿉니다.

⑦ 습도가 500보다 작을 때 마이크로비트가 슬픈 표정을 출력하도록 **아이콘 출력** 블록을 가져와 그림과 같이 연결한 후 '하트' 모양을 **슬픔**으로 바꿉니다.

⑧ 물이 부족하다는 것을 시각적으로 알리기 위해 빨간색 LED를 켜겠습니다. **Neopixel** 꾸러미에서 `strip show color red` 블록을 가져와 연결하고, 'strip' 변수를 **LED**로 바꿉니다.

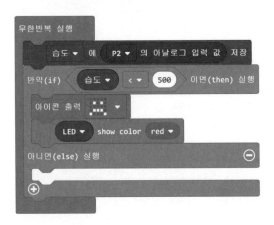

⑨ 물이 부족하다는 것을 청각적으로도 알리기 위해 **알람**을 울려 보겠습니다. **음악** 꾸러미에서 `도 1 박자 출력` 블록을 가져와 그림과 같이 연결합니다.

⑩ 화분에 수분량이 충분할 때, 즉 센서 값이 500 이상일 때 마이크로비트가 행복한 표정을 출력하는 코딩을 해보겠습니다. **기본** 꾸러미에서 아이콘 출력 블록을 가져와 그림과 같이 연결한 후 '하트' 모양을 **행복함**으로 바꿉니다.

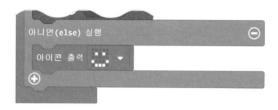

⑪ 물이 충분하니 빨간 경고등도 꺼지도록 코딩해 보겠습니다. **Neopixel** 꾸러미에서 strip clear 블록과 strip show 블록을 가져와 연결한 후, 'strip' 변수를 **LED**로 바꿉니다.

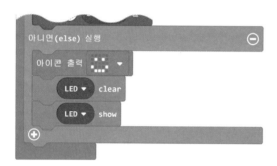

TIP 'strip' clear 블록은 LED를 끄는 역할을, 'strip' show 블록은 LED 변수에 LED의 변화된 상태(LED가 꺼짐)를 보여 주는 역할을 한답니다.

⑫ 경고음이 꺼지도록 **음악** 꾸러미에서 모든 중지 블록을 가져와 연결합니다.

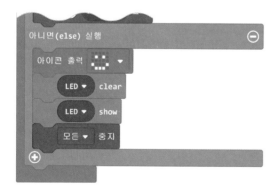

코드 업로드하기

❶ 완성한 코드를 마이크로비트에 업로드하여 프로젝트를 실행하겠습니다. 먼저, 편집기 하단의 **다운로드** 버튼을 클릭하여 완성한 코드를 내려받습니다.

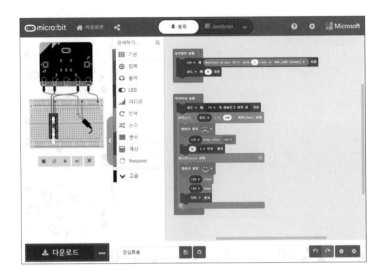

❷ 마이크로 5핀 USB 케이블을 사용하여 마이크로비트와 PC를 연결하면 MICROBIT 드라이브 창이 열립니다.

> **TIP** 마이크로비트 뒷면에 있는 USB 포트에 마이크로 5핀 USB 케이블을 연결하세요.

❸ 앞에서 내려받은 hex 파일을 마우스 오른쪽 버튼을 클릭하여 복사하고, MICROBIT 드라이브에 붙여 넣습니다.

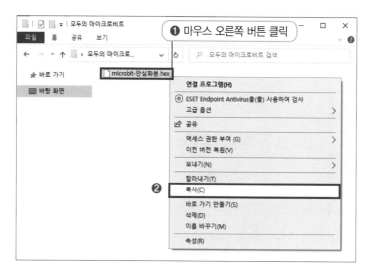

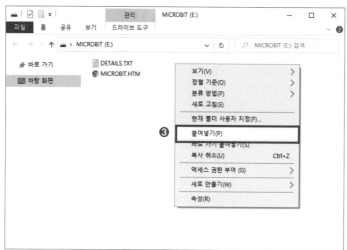

이제 안심 화분을 사용할 준비를 모두 마쳤습니다. 여러분이 만든 작품이 작동하는지 확인해 보세요.

⁇ 왜 안 될까요?

프로젝트가 제대로 실행되지 않는다면 다음과 같은 사항을 확인해 보세요.

1. 수분량이 계속 부족하다고 나오면 코드의 기준값을 500보다 낮은 값으로 변경해 보세요. 토양 습도 센서나 실행 환경에 따라 토양 습도의 센서 값이 500을 넘지 않을 수 있습니다.
2. 토양 습도 센서와 LED 모듈이 연결된 핀 번호와 코드에 사용된 핀 번호가 같은지 확인해 보세요.
3. 경고음이나 아이콘 출력이 알고리즘 반대로 동작한다면 비교 연산자가 반대로 되어 있지 않는지 확인해 보세요.

미세먼지 측정기로
실내 공기 관리하기

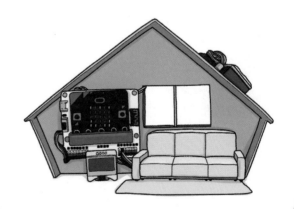

미세먼지는 아주 작은 입자로 이루어진 먼지로 눈에 잘 보이지 않습니다. 특히 좁은 실내 공간에서는 더욱 그렇습니다. 집안의 미세먼지 양을 눈으로 확인할 수 있다면 적절한 대처를 통해 건강한 실내 환경을 만들 수 있겠죠? 지금부터 마이크로비트와 미세먼지 센서를 사용하여 미세먼지 측정기를 만들어 볼까요?

먼저 공기 중의 미세먼지 농도를 측정하는 미세먼지 센서에 대해 알아보고, 미세먼지가 적정 기준치를 넘으면 경고음을 울리는 미세먼지 측정기의 알고리즘을 만들어 보겠습니다.

미세먼지 센서 알아보기

미세먼지 센서(dust sensor)에는 적외선 센서가 포함되어 있어서 적외선 LED의 빛이 먼지에 의해 반사되는 양을 파악하여 공기 중의 미세먼지를 측정할 수 있습니다. 특히, 우리가 이번 장에서 사용하는 미세먼지 센서는 직경이 0.8µm(마이크로미터) 이상인 먼지 입자를 감지할 수 있어 흔히 '초미세먼지'라고 부르는 2.5µm 이하의 먼지도 측정할 수 있습니다. 이러한 센서는 공기청정기, 공기질 측정기, 에어컨, 자동차 등에 부착되어 널리 활용되고 있습니다.

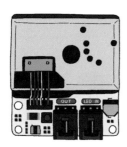

그림 2-1 | 미세먼지 센서

> **TIP**
> 1마이크로미터(µm)는 1미터(m)의 백만 분의 일과 같습니다.

미세먼지 농도, 얼마큼 나오면 나쁜 걸까요?

날씨나 포털 사이트에 보면 미세먼지 농도를 '좋음, 보통, 나쁨' 등으로 구분해서 보여 줍니다. 우리나라 환경부에서는 다음과 같이 미세먼지 농도에 따라 실외 활동을 자제할 것을 당부하고 있습니다. 0~30까지가 '좋음'으로 표시되므로 이번 장에서는 미세먼지의 좋고 나쁨을 판단하는 기준치로 '30'을 사용하겠습니다.

구간		좋음	보통	나쁨	매우 나쁨
농도(μm/m² · 일)		0~30	31~80	81~150	151~
행동 요령	어린이, 노약자	·	·	장시간 또는 무리한 실외활동 제한	가급적 실내생활
	일반인	·	·		장시간 또는 무리한 실외활동 제한

미세먼지 측정기 알고리즘

미세먼지 측정기를 만들려면 어떻게 코딩해야 하는지 알고리즘으로 먼저 표현해 볼까요?

1 │ 미세먼지 센서가 미세먼지 농도를 측정합니다.

2 │ 측정한 농도를 OLED로 보여줍니다.

3 │ 미세먼지 농도가 30보다 크면

　　3-1 │ 마이크로비트가 'X' 모양을 출력하고

　　3-2 │ 경고음을 울립니다.

4 │ 미세먼지 농도가 30보다 작으면

　　4-1 │ 마이크로비트가 '하트' 모양을 출력하고

　　4-2 │ 경고음을 끕니다.

2.2 미세먼지 측정기 만들기

마이크로비트와 미세먼지 센서를 사용하여 하드웨어를 연결하고, 재활용 상자나 하드보드지 등 주변에서 쉽게 구할 수 있는 재료로 미세먼지 측정기를 멋지게 꾸며 보겠습니다.

준비물 준비하기

다음과 같이 필요한 부품과 꾸미기 재료를 준비합니다.

마이크로비트

iot:bit 확장 보드

미세먼지 센서

OLED

AAA 배터리 박스와 건전지 2개

삼색 점퍼선 2개

꾸미기 재료: 하드보드지(또는 재활용 상자), 자, 가위(또는 칼), 양면 테이프

하드웨어 연결하기

① iot:bit의 파란색 슬롯에 **마이크로비트**를 연결합니다.

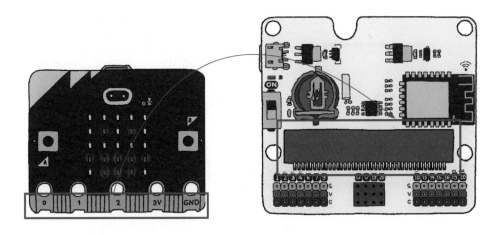

② 미세먼지 값을 출력할 **OLED**를 iot:bit 하단의 **I2C 인터페이스 첫 번째 줄**에 연결합니다.

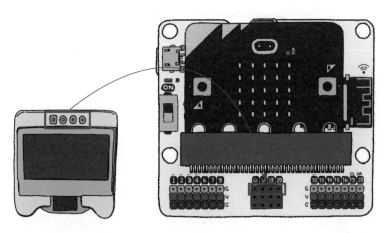

> **TIP**
> iot:bit 하단에 있는 검정색의 12개짜리 핀 연결 부분이 'I2C 인터페이스'입니다. OLED의 네 판을 I2C 인터페이스 첫 줄에 꼭 맞게 끼워 주세요.
>
>

❸ 미세먼지를 측정하기 위한 **미세먼지 센서**를 삼색 점퍼선 2개를 사용하여 iot:bit에 연결합니다. 미세먼지 센서의 **OUT 포트**를 iot:bit **1번 핀**에 연결하고, **LED IN 포트**를 **13번 핀**에 꽂습니다.

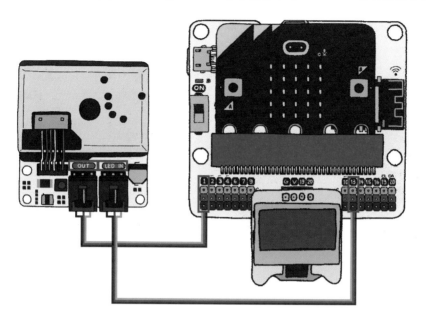

❹ 마이크로비트에 전원을 공급하기 위해 위해 **AAA 배터리 박스**에 **AAA 건전지** 2개를 넣어 마이크로비트에 연결합니다.

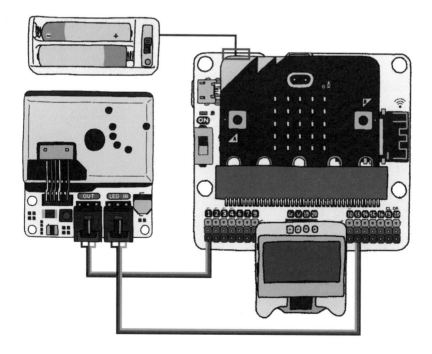

겉모습 꾸미기

① 미세먼지 측정기의 겉모습을 꾸며 보겠습니다. 프로젝트 제목인 '우리집 미세먼지 측정기'에서 아이디어를 가져와 하드보드지로 집 모양 상자를 만들었습니다.

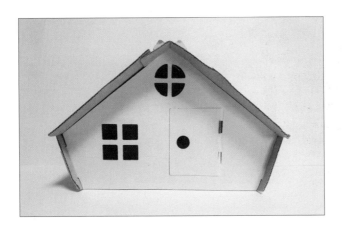

> **TIP** 집 모양 상자를 만들기 어렵다면, 주변에서 구하기 쉬운 재활용 박스를 이용해도 좋습니다. 또한 1장에서 사용한 박스를 재사용해도 좋아요. 사실, 이번 프로젝트는 미세먼지 센서와 OLED가 모두 밖으로 노출되어야 하므로 별도의 외형이 없어도 된답니다.

② 마이크로비트와 OLED가 연결된 iot:bit를 양면 테이프를 사용해 집 바깥쪽에 붙입니다.

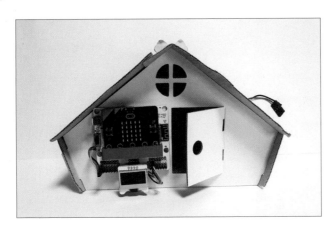

③ 가장 중요한 미세먼지 센서는 공기를 많이 접촉할 수 있도록 집 모양 상자의 지붕 부분에 붙이겠습니다.

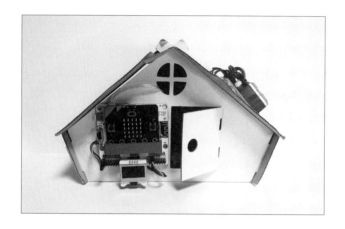

TIP 건전지는 집 안쪽에 보이지 않게 숨기고, 지저분해 보이는 점퍼선도 안쪽으로 넣은 뒤 지붕 부분에 구멍을 뚫어 바깥쪽에 있는 미세먼지 센서와 연결했어요. 말끔하죠?

2.3 미세먼지 측정기 코딩하기

● **완성 파일** microbit-미세먼지측정기.hex

미세먼지 측정기가 제 기능을 할 수 있도록 코딩할 차례입니다. 앞에서 만든 알고리즘을 떠올리면서 어떻게 코딩하면 좋을지 생각해 보세요.

코딩 시작하기

① MakeCode 편집기에서 **새 프로젝트**를 클릭하고 프로젝트 이름을 **미세먼지측정기**라고 입력한
뒤 **생성**을 클릭합니다.

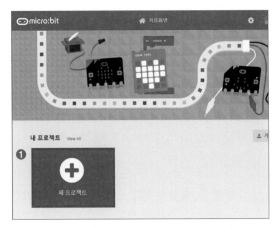

- **MakeCode 편집기 바로가기** https://makecode.microbit.org/

② 미세먼지 센서가 측정한 값을 OLED에 나타내려면 'iot – environment – kit'라는 확장 프로
그램을 추가해야 합니다. **고급** 꾸러미와 **확장** 꾸러미를 차례로 클릭한 뒤, 검색창에 **iot**를 입
력하고 **iot – environment – kit**를 선택합니다.

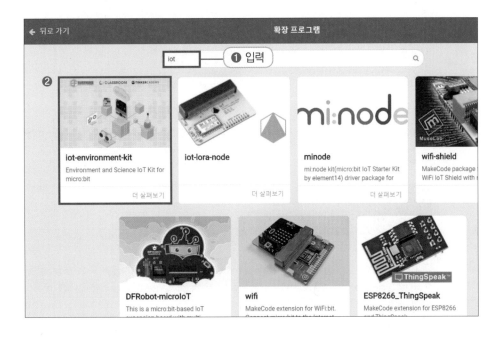

TIP iot-environment-kit 확장 프로그램을 추가하면 Octopus, OLED, RTC1307, ESP8266_IoT 꾸러미가 생성됩니다.

변수 만들기와 초기화하기

① 미세먼지 센서가 측정한 값을 저장하고 경고음을 제어하기 위한 변수를 만들겠습니다. **변수** 꾸러미에서 **변수 만들기** 버튼을 클릭한 뒤, **새 변수 이름** 창에 미세먼지를 입력하고 **확인**을 누릅니다.

※ 이 장에서 사용하는 변수

변수 이름	설명
미세먼지	미세먼지 센서가 측정한 미세먼지 농도를 저장하는 변수

② 시작하면 실행을 알리는 멜로디를 넣어 봅시다. **음악** 꾸러미에서 멜로디를 출력하는 블록인 **다다둠 멜로디 한 번 출력** 블록을 가져와 **시작하면 실행** 블록 안쪽에 연결합니다.

TIP 이 코드는 마이크로비트가 실행될 때 다다둠 멜로디를 처음 한 번만 출력합니다. 멜로디는 여러분이 좋아하는 멜로디로 자유롭게 바꿀 수 있습니다.

❸ OLED의 화면 해상도를 초기화하기 위해 **OLED** 꾸러미에서 `initialize OLED with width 128 height 64` 블록을 가져와 다음과 같이 연결합니다.

TIP `initialize OLED with width 128 height 64` 블록은 OLED의 화면 해상도를 가로 128, 세로 64로 설정(초기화)합니다.

잠깐만요

이런 경우에는 어떻게 코딩하나요?

1) 구형 마이크로비트를 사용할 경우

구형 마이크로비트에는 소리를 내는 기능이 없으므로 별도의 부저를 연결해 주어야 합니다. iot:bit의 6번 핀에 부저를 연결하고, 핀 꾸러미의 `핀 P6(출력전용)을 소리 출력으로 설정` 블록을 ❸의 블록에 추가합니다.

2) 신형 마이크로비트에 구형 iot:bit나 부저가 있는 다른 확장 보드를 사용할 경우

신형 마이크로비트에는 부저가 내장되어 있으므로 부저가 달린 확장 보드를 사용하면 부저가 두 개가 되므로 오류가 생길 수 있습니다. 이런 경우에는 ❸의 블록에 `내장 스피커 끄기` 블록을 추가하면 됩니다.

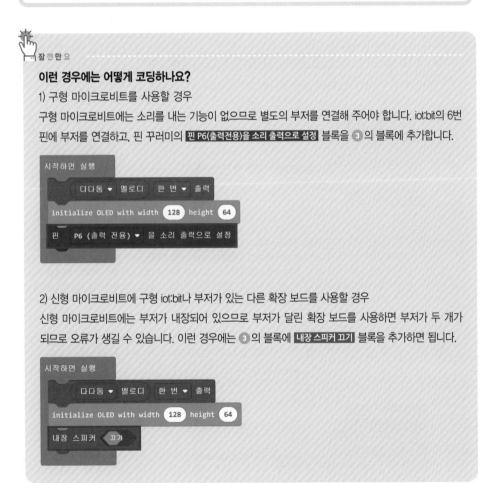

알고리즘에 따라 코딩하기

① 미세먼지 센서가 측정한 미세먼지 농도를 OLED에 출력하는 코드를 만들겠습니다. 먼저, OLED 꾸러미에서 `clear OLED display` 블록을 가져와 `무한반복 실행` 블록 안쪽에 연결합니다.

> **TIP**
> `clear OLED display` 블록은 OLED 내용을 깨끗이 지울 때 사용하는 블록입니다. 처음에는 OLED 화면에 아무 내용도 없겠지만, 뒤에서 코드를 어떻게 만드느냐에 따라 남아 있는 내용이 있을 수 있으므로 화면을 지우는 블록부터 연결합니다.

② OLED 꾸러미에서 `show (without newline) string " "` 블록을 가져와 다음과 같이 연결하고, 빈칸을 클릭하여 **Dust(ug/m3):** 라고 적습니다.

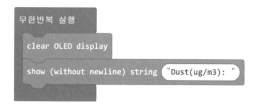

> **TIP**
> `show (without newline) string " "` 블록은 큰따옴표 안에 있는 텍스트를 OLED 화면에 출력하는 블록입니다. 여기서는 'Dust(ug/m3): '라고 입력했는데요. OLED가 한글을 출력하지 못하므로 미세먼지(dust)를 영어로 입력했습니다. 또한, 미세먼지 농도를 나타내는 단위는 원래 $\mu g/m^3$(마이크로그램 퍼 세제곱미터)이지만, 특수문자가 사용되면 프로그램 오류가 나므로 ug/m3로 입력했습니다. 참고로, $\mu g/m^3$는 $1m^3$의 공기 안에 있는 미세먼지의 중량을 의미합니다. 마지막으로, 콜론(:) 뒤에는 띄어쓰기 용도의 빈칸을 하나 넣었습니다. 그래야 이후에 미세먼지 농도가 출력될 때 숫자를 더 쉽게 읽을 수 있습니다.

③ 미세먼지 센서가 측정한 미세먼지 농도를 미세먼지 변수에 저장하는 코드를 만들겠습니다. 먼저 **변수** 꾸러미에서 **미세먼지에 0 저장** 블록을 가져와 다음과 같이 연결합니다.

④ **Octopus** 꾸러미에서 `value of dust(µg/㎥) at LED P16 out P1` 블록을 가져와 `미세먼지에 0 저장` 블록의 '0' 부분에 끼웁니다. 그리고 'P16'을 LED IN 포트를 연결했던 **P13**으로 바꾸고, 'P1' 은 OUT 포트를 P1에 연결했으므로 그대로 둡니다.

```
무한반복 실행

  clear OLED display

  show (without newline) string  " Dust(ug/m3): "

  미세먼지 ▼  에  value of dust(µg/m³) at LED  P13 ▼  out  P1 ▼  저장
```

> **TIP** `value of dust(µg/㎥) at LED P13 out P1` 블록은 미세먼지 센서가 측정한 미세먼지 농도 값을 의미합니다.

⑤ OLED에 미세먼지 변숫값을 출력하도록 OLED 꾸러미에서 `show (without newline)` `number 0` 블록을 가져와 연결합니다. 그리고 **변수** 꾸러미에서 `미세먼지` 블록을 가져와 '0' 부분에 끼웁니다.

```
무한반복 실행

  clear OLED display

  show (without newline) string  " Dust(ug/m3): "

  미세먼지 ▼  에  value of dust(µg/m³ ) at LED  P13 ▼  out  P1 ▼  저장

  show (without newline) number  미세먼지 ▼
```

⑥ 미세먼지 센서가 측정한 미세먼지 농도를 기준값(30)과 비교해 보겠습니다. **논리** 꾸러미에서 `만약(if) 참(true)이면(then) 실행/아니면(else) 실행` 블록을 가져와 다음과 같이 연결합니다.

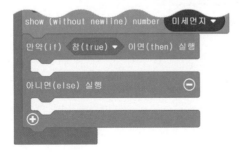

7 **논리** 꾸러미에서 `0 < 0` 블록을 가져와 `만약(if) 참(true)이면(then) 실행/아니면(else) 실행` 블록의 '참(true)' 부분에 끼웁니다.

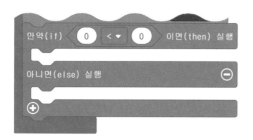

8 미세먼지 농도가 30을 초과할 때를 표현하기 위해 `0 < 0` 블록의 첫 번째 '0' 부분에는 **변수** 꾸러미의 **미세먼지** 변수를 가져와 끼우고, 두 번째 '0' 부분을 30으로 바꾼 뒤, 가운데 연산자 기호를 클릭해 〉 모양으로 바꿉니다.

9 미세먼지 농도가 30보다 크면 'X' 모양을 출력하도록 **기본** 꾸러미에서 `아이콘 출력` 블록을 가져와 연결하고, 아이콘 모양을 **틀림** 표시로 바꿉니다.

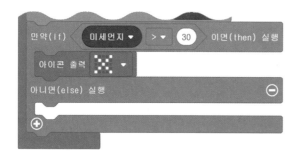

> **TIP**
> 아이콘 모양은 여러분이 원하는 대로 골라도 좋습니다. 다만, 미세먼지가 30을 넘어 경고하는 표시이므로 부정적인 모양이 좋겠죠?

⑩ 미세먼지 농도가 30보다 크면 경고음을 울리기 위해 **음악** 꾸러미에서 도1 박자 출력 블록을
가져와 그림과 같이 연결합니다.

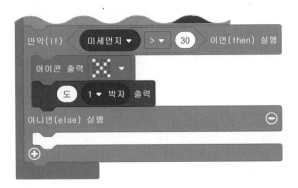

⑪ 이번에는 미세먼지 농도가 30보다 낮을 때 '하트' 모양을 출력하도록 **기본** 꾸러미에서 아이
콘 출력 블록을 가져와 다음과 같이 연결합니다.

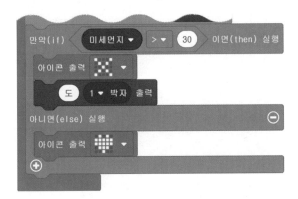

⑫ 마지막으로, **무한반복 실행** 블록 안에 있는 블록들을 실행한 후에 2초 동안 멈추도록 **기본** 꾸러미에서 **일시중지 100 ms** 블록을 가져와 **만약(if) 참(true)이면(then) 실행/아니면(else) 실행** 블록 아래에 연결하고, '100'을 **2000**으로 고칩니다.

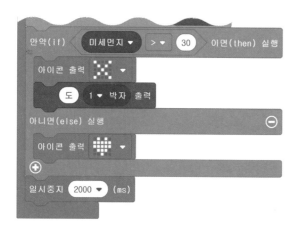

> **TIP**
> **일시중지 100 ms** 블록의 'ms'는 millisecond의 약자로, 1000ms가 1초를 나타냅니다. 만약 이 블록이 없으면 **무한반복 실행** 블록 안에 있는 블록들이 빠르게 반복 실행되어 OLED에 출력된 미세먼지 농도를 읽기가 어렵습니다.

코드 업로드하기

❶ 완성한 코드를 마이크로비트에 업로드하여 프로젝트를 실행하겠습니다. 먼저, 편집기 하단의 **다운로드** 버튼을 클릭하여 완성한 코드를 내려받습니다.

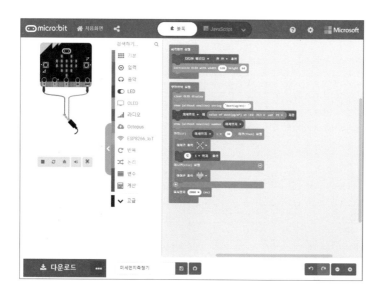

❷ 마이크로 5핀 USB 케이블을 사용하여 마이크로비트와 PC를 연결하면 MICROBIT 드라이브 창이 열립니다.

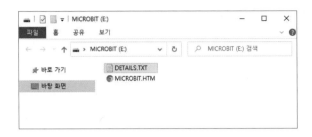

❸ 앞에서 내려받은 hex 파일을 마우스 오른쪽 버튼을 클릭하여 복사하고, MICROBIT 드라이브에 붙여 넣습니다.

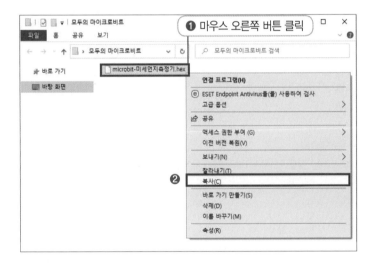

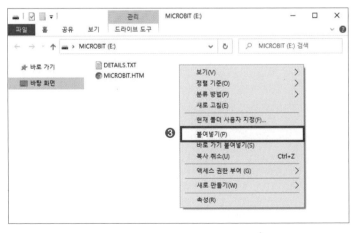

이제 미세먼지 측정기를 사용할 준비를 모두 마쳤습니다. 여러분이 만든 작품이 잘 작동하는지 집안의 미세먼지를 측정하여 확인해 보세요.

3장

일상의
소음을 측정하는
소음 측정기

3.1 소음 측정기 프로젝트 준비하기

도서관이나 카페에 앉아 공부를 하다 보면 주변 소음 때문에 방해될 때가 있습니다. 사람들이 불쾌할 만한 소음이 발생하면 경고등을 켜 주의를 준다면 좋겠죠? 마이크로비트와 노이즈 센서 그리고 LED를 사용하면 기준값이 넘는 소음이 발생했을 때 경고등을 켜는 소음 측정기를 만들 수 있습니다.

이번 절에서는 소리의 높낮이를 측정해 주는 노이즈 센서에 대해 알아보고, 소음이 기준값을 넘으면 경고등을 켜는 소음 측정기 알고리즘을 만들어 보겠습니다.

노이즈 센서 알아보기

노이즈 센서(noise sensor)는 주변의 소음을 감지해 소리를 데시벨(dB)로 나타내 주는 부품이에요. 데시벨이란 소리의 크기를 나타내는 단위입니다. 시계 초침 소리는 20dB 정도이고, 속삭이는 소리는 30dB, 보통의 대화 소리는 50dB, 전화벨 소리는 70dB 정도로, 평균 생활 소음이 약 35~65dB이라고 합니다. 요즘 핸드폰이나 이어폰에는 노이즈 캔슬링이라는 기술이 많이 쓰이는데요. 이 기술에도 노이즈 센서가 아주 중요한 역할을 한다고 합니다. 이러한 노이즈 센서를 사용하여 시끄러운 소리가 나면 경고등을 켜는 소음 측정기를 만들어 보겠습니다.

그림 3-1 | 노이즈 센서

> TIP
> 사용하는 노이즈 센서의 종류에 따라 소음 데시벨을 다르게 측정할 수 있어요. 즉, 같은 소리를 다른 종류의 노이즈 센서를 사용하여 측정하면 그 값이 조금씩 차이가 날 수 있답니다.

소음 측정기 알고리즘

소음 측정기를 만들려면 어떻게 코딩해야 하는지 알고리즘으로 먼저 표현해 볼까요?

1│ 노이즈 센서가 소음을 측정합니다.

2│ OLED에 노이즈 센서가 측정한 센서 값을 출력합니다.

3│ 센서 값이 60dB 초과이면

    3-1│ 마이크로비트가 'X' 모양을 출력하고

    3-2│ LED 경고등을 켭니다.

4│ 센서 값이 60dB 이하이면

    4-1│ 마이크로비트가 '웃는 얼굴' 모양을 출력하고

    4-2│ 경고등을 끕니다.

3.2 소음 측정기 만들기

마이크로비트와 노이즈 센서, LED 모듈을 사용하여 하드웨어를 연결하고, 재활용 상자나 하드보드지 등 주변에서 쉽게 구할 수 있는 도구로 소음 측정기를 꾸며 보겠습니다.

준비물 준비하기

다음과 같이 필요한 부품과 꾸미기 재료를 준비합니다.

마이크로비트

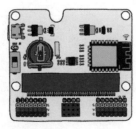

iot:bit 확장 보드

노이즈 센서

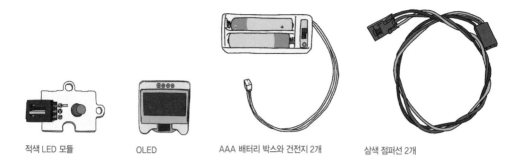

적색 LED 모듈　　　　OLED　　　　AAA 배터리 박스와 건전지 2개　　　　삼색 점퍼선 2개

꾸미기 재료: 하드보드지(또는 재활용 상자), 가위(또는 칼), 풀(또는 테이프)

하드웨어 연결하기

① iot:bit의 파란색 슬롯에 **마이크로비트**를 연결합니다.

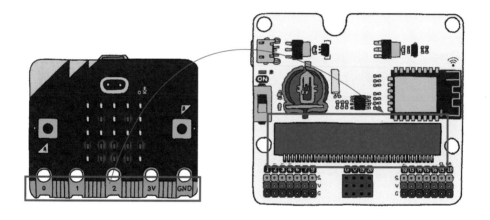

② 센서 값을 출력할 **OLED**를 iot:bit 하단의 **I2C 인터페이스 첫 번째 줄**에 연결합니다.

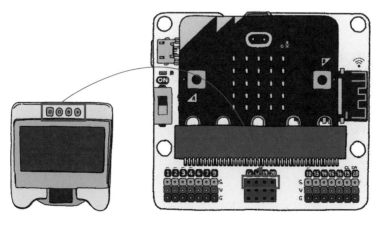

③ 소음의 크기를 측정하기 위한 **노이즈 센서**를 삼색 점퍼선을 사용하여 **iot:bit 1번 핀**에 연결합니다.

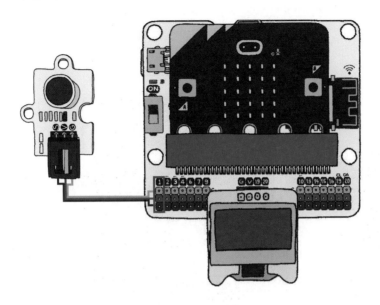

④ 경고등을 켜기 위한 **적색 LED 모듈**을 삼색 점퍼선을 사용하여 **iot:bit 15번 핀**에 연결합니다.

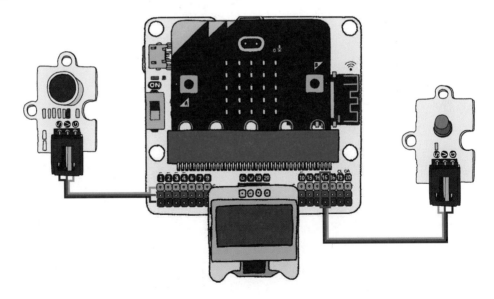

⑤ 마이크로비트에 전원을 공급하기 위해 **AAA 배터리 박스**에 **AAA 건전지 2개**를 넣어 마이크로
비트에 연결합니다.

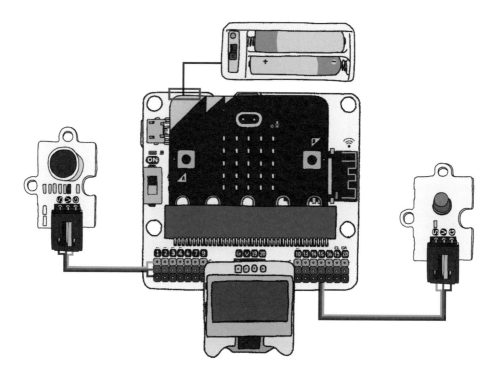

겉모습 꾸미기

① 주변에서 쉽게 구할 수 있는 재활용 상자를 사용해 소음 측정기의 외형을 꾸며 보겠습니
다. 앞에서 연결한 도구들이 모두 들어갈 만한 상자를 준비합니다.

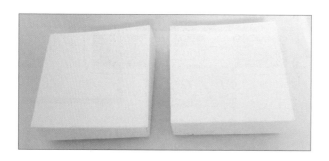

> **TIP**
> 상자의 크기는 앞에서 연결한 하드웨어가 들어가기만 하면 자유롭게 정해도 좋습니다. 여기서는 가로세로 15cm 정도의 상자를 사용했어요.

② 마이크로비트의 LED 화면과 OLED 화면은 밖에서 보여야 하므로 다음과 같이 상자 앞면을 오려내 두 화면이 보이도록 합니다.

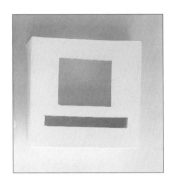

③ LED 모듈과 노이즈 센서도 상자 안에 있으면 제 기능을 다하지 못하므로 상자 뒷면과 옆면을 오려내 모듈과 센서를 밖으로 빼낼 수 있도록 합니다.

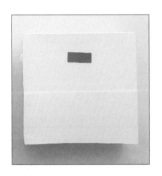 

> **TIP**
> 점퍼선을 넣었다 뺐다 할 수 있는 크기로 오려내면 됩니다. 또한 오려내는 위치도 여러분이 자유롭게 정해도 됩니다. 오려낸 구멍을 통해 점퍼선이 지저분해 보이지 않도록 잘 정리해 보세요.

④ 앞에서 연결한 하드웨어를 상자 안에 넣고, 마이크로비트 LED 부분과 OLED 화면, 노이즈 센서와 LED 모듈이 밖으로 보이도록 만들어 주세요.

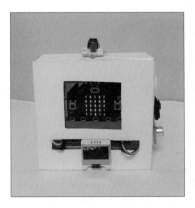 

> **TIP**
> 하드웨어에 연결한 채로 점퍼선을 정리하는 게 어렵다면 점퍼선을 뽑아서 정리한 후 다시 꽂아 주세요.

● **완성 파일** microbit-소음측정기.hex

소음 측정기가 제대로 작동하도록 코딩해 볼까요? 앞에서 만들었던 알고리즘을 떠올리면서 어떻게 코딩하면 좋을지 생각해 보세요.

코딩 시작하기

① MakeCode 편집기에서 **새 프로젝트**를 클릭하고, 프로젝트 이름을 **소음측정기**라고 입력한 뒤 **생성**을 클릭합니다.

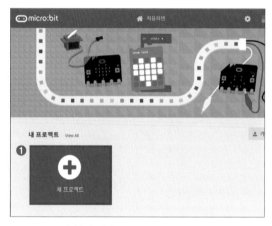

• **MakeCode 편집기 바로가기** https://makecode.microbit.org/

② 노이즈 센서를 사용하기 위해 **고급 꾸러미**와 **확장 꾸러미**를 차례로 클릭한 뒤, 검색창에 iot를 입력하고 iot-environment-kit를 선택합니다.

변수 만들기와 초기화하기

① 노이즈 센서가 측정한 센서 값을 저장할 변수를 만들어 보겠습니다. **변수** 꾸러미에서 **변수 만들기**를 클릭하고 우리가 사용할 변수인 **noise**를 입력한 뒤 **확인** 버튼을 클릭합니다.

※ 이 장에서 사용하는 변수

변수 이름	설명
noise	노이즈 센서가 측정한 센서 값(소음 측정값)을 저장하는 변수

② **OLED** 꾸러미에서 `initialize OLED width 128 height 64` 블록을 가져와 `시작하면 실행` 블록 안쪽에 연결합니다.

③ 처음에는 적색 LED 모듈이 꺼져 있도록 **핀** 꾸러미에서 `P0에 디지털 값 0 출력` 블록을 가져와 다음과 같이 연결하고, 'P0'를 P15로 바꿉니다.

> **TIP**
> LED는 0을 출력하면 꺼지고, 1을 출력하면 켜집니다.

알고리즘에 따라 코딩하기

① 노이즈 센서가 측정한 센서 값을 OLED에 출력하도록 코딩해 보겠습니다. 먼저, **OLED** 꾸러미에서 clear OLED display 블록을 가져와 무한반복 실행 블록에 안쪽에 연결합니다.

TIP
clear OLED display 블록은 이전에 OLED 화면에 출력된 내용이 있으면 이를 깨끗하게 지웁니다.

② 측정한 센서 값(소음 측정값)을 변수에 저장하기 위해 **변수** 꾸러미에서 noise에 0 저장 블록을 가져와 다음과 같이 연결합니다.

③ **Octopus** 꾸러미에서 value of noise(dB) at pin P1 블록을 가져와 noise에 0 저장 블록의 '0' 부분에 끼웁니다.

TIP
value of noise(dB) at pin P1 블록은 iot:bit의 1번 핀에 연결된 노이즈 센서의 측정값을 가져옵니다.

④ 센서 값을 출력하기 전에 'noise meter'(소음 측정기)라는 문구를 출력해 보겠습니다. OLED 꾸러미에서 show (without newline) string " " 블록을 가져와 다음과 같이 연결하고, 빈칸에 **noise meter**라고 입력합니다.

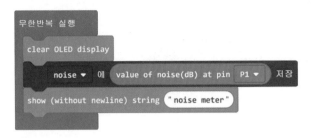

TIP
OLED에는 여러 줄의 문구를 입력할 수 있습니다. OLED 화면에 센서 값만 덩그러니 출력하기보다는 몇 가지 정보를 추가하여 해당 값이 소음 측정기가 측정한 센서 값임을 알려 주면 더욱 좋겠죠? 'noise meter' 말고 여러분이 추가하고 싶은 내용을 입력해도 좋습니다. 다만, OLED 화면이 한글을 출력하지 못하므로 영어로 입력해야 합니다.

⑤ 다음 내용을 줄바꿈하여 표시하기 위해 OLED 꾸러미에서 insert newline 블록을 가져와 다음과 같이 연결합니다.

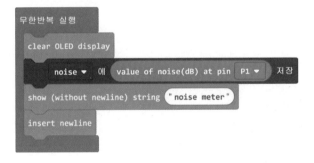

⑥ 노이즈 센서 값을 출력하기 위해 **OLED** 꾸러미에서 `show (without newline) string " "` 블록을 한 번 더 가져와 연결하고, 빈칸에 **noise:** 라고 입력합니다.

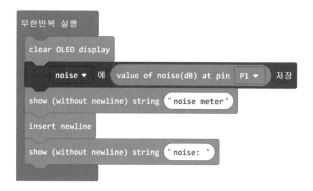

> **TIP**
> 이전에는 '소음 측정기'가 측정한 센서 값임을 알리기 위해 'noise meter'라고 입력했다면, 여기서는 다음에 나올 수치가 '소음' 값임을 알리기 위해 'noise:'라고 입력했습니다. 콜론 옆에 있는 빈칸은 가독성을 위한 것입니다. 코드를 완성한 후 빈칸이 있을 때와 없을 때 센서 값이 OLED에 어떻게 출력되는지 비교해 보세요.

⑦ 센서 값을 넣기 위해 **OLED** 꾸러미에서 `show (without newline) number 0` 블록을 가져와 다음과 같이 연결하고, **변수** 꾸러미에서 `noise` 블록을 가져와 '0' 부분에 끼웁니다.

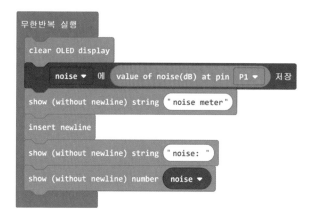

> **TIP**
> `show (without newline) string " "` 블록은 문자열을 출력할 때 사용하고, `show (without newline) number 0` 블록은 숫자를 표시할 때 사용합니다.

⑧ 센서 값이 기준값을 초과하면 실행할 코드를 만들겠습니다. **논리** 꾸러미에서 `만약(if) 참(true)이면(then) 실행 / 아니면(else) 실행` 블록을 가져와 다음과 같이 연결합니다.

⑨ **논리** 꾸러미에서 `0 < 0` 블록을 가져와 `만약(if) 참(true)이면(then) 실행 / 아니면(else) 실행` 블록의 '참(true)' 부분에 끼웁니다. 그리고 첫 번째 '0'을 60으로 바꾸고, 두 번째 '0'에는 **변수** 꾸러미에서 `noise` 블록을 가져와 끼웁니다.

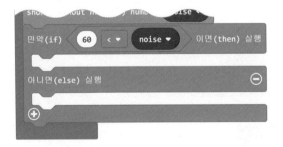

> TIP
> 기준값 60dB은 임의로 정한 값입니다. 여러분의 상황에 따라 기준값은 자유롭게 정해도 좋습니다.

⑩ 센서 값이 기준값 '60'을 초과하면 마이크로비트에 'X' 모양 아이콘을 표시하도록 **기본** 꾸러미에서 **아이콘 출력** 블록을 가져와 연결하고, '하트' 모양을 **틀림**(X) 모양으로 바꿉니다.

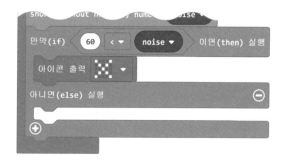

⑪ 센서 값이 기준값 '60'을 초과하면 LED 경고등이 켜지도록 **핀** 꾸러미에서 **P0에 디지털 값 0 출력** 블록을 가져와 연결하고, 'P0'를 **P15**로 바꾸고 '0'을 **1**로 바꿉니다.

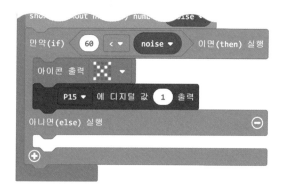

⑫ 반대로 센서 값이 60 이하이면 마이크로비트의 아이콘 모양을 '하트'로 바꾸도록 **기본** 꾸러미에서 **아이콘 출력** 블록을 가져와 연결합니다.

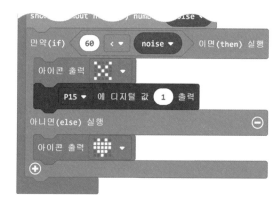

⑬ 센서 값이 60 이하이면 LED가 꺼지도록 핀 꾸러미에서 **P0에 디지털 값 0 출력** 블록을 가져와 연결하고, 'P0'를 **P15**로 바꿉니다.

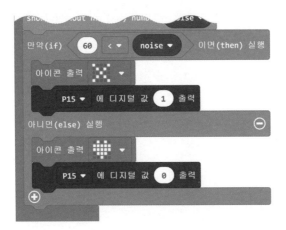

코드 업로드하기

① 완성한 코드를 마이크로비트에 업로드하여 프로젝트를 실행하겠습니다. 먼저, 편집기 하단의 **다운로드** 버튼을 클릭하여 완성한 코드를 내려받습니다.

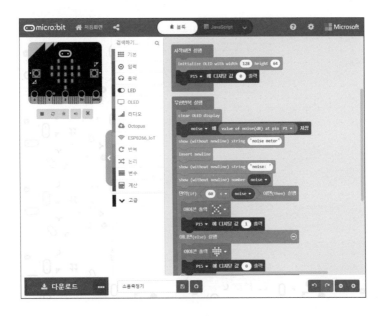

❷ 마이크로 5핀 USB 케이블을 사용하여 마이크로비트와 PC를 연결하면 MICROBIT 드라이브 창이 열립니다.

❸ 앞에서 내려받은 hex 파일을 마우스 오른쪽 버튼을 클릭하여 복사하고, MICROBIT 드라이브에 붙여 넣습니다.

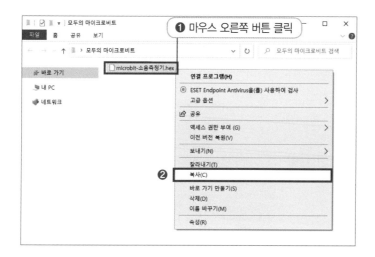

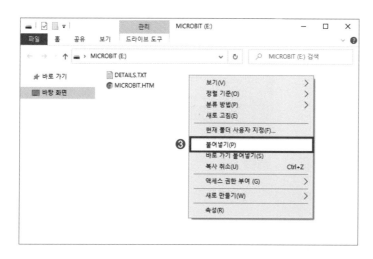

이제 소음 측정기를 실행할 준비를 모두 마쳤습니다. 여러분이 만든 소음 측정기로 다양한 공간의 소음을 측정해 보세요.

4장

절수기를 만들어
물 아껴 쓰기

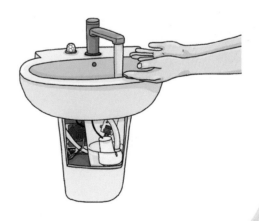

4.1 절수기 프로젝트 준비하기

환경오염과 지구온난화 등으로 물 부족 현상이 심해지고 있습니다. 그래서 물을 절약하는 습관이 아주 중요한데요. 마이크로비트와 인체 감지 센서를 사용하면 사람의 움직임을 인식하여 물을 틀어 주는 절수기를 만들 수 있습니다.

이번 절에서는 사람의 움직임을 감지하는 센서인 인체 감지 센서에 대해 알아보고, 움직임이 있으면 물이 나오고 움직임이 없으면 물이 나오지 않는 절수기 알고리즘을 만들어 보겠습니다.

인체 감지 센서 알아보기

인체 감지(PIR, Passive Infrared) 센서는 적외선을 통해 사람의 움직임을 감지하는 센서입니다. 사람의 몸에서는 적은 양의 적외선이 나오는데요. 인체 감지 센서가 바로 이 적외선을 감지한답니다. 다음 그림과 같이 인체 감지 센서에 있는 반구 모양의 부품을 보면 마치 거북이 등에 있는 무늬처럼 보이는 것이 있죠? 이 부분이 적외선을 한곳에 모아 인체 감지 센서의 적외선 센서에 닿게 해주면 적외선 센서가 변화량을 감지하여 사람의 움직임을 파악할 수 있습니다. 이러한 인체 감지 센서는 현관에 달린 센서등이나 사람이 다가오면 자동으로 움직이는 자동문 등 실생활 곳곳에 사용되고 있어요.

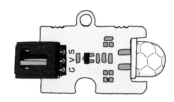

그림 4-1 | 인체 감지 센서

> TIP
> 우리가 사용할 센서의 적외선 감지 영역은 3~7m이고, 감지 각도는 110~120도입니다. 앞에서 다룬 다른 센서들과 마찬가지로, 인체 감지 센서의 감지 영역과 감지 각도 등의 성능은 센서의 종류마다 다릅니다.

절수기 알고리즘

스마트한 절수기를 만들려면 어떻게 코딩해야 하는지 알고리즘으로 먼저 표현해 볼까요?

1 │ 인체감지 센서가 사람의 움직임을 감지합니다.

2 │ 움직임이 있다면

　　2-1 │ 워터 펌프를 작동시켜 물이 나오게 하고

　　2-2 │ 물이 나온다는 것을 알 수 있도록 마이크로비트의 LED에 아이콘을 출력합니다.

3 │ 움직임이 없다면

　　3-1 │ 워터 펌프를 멈춰 물이 나오지 않게 하고

　　3-2 │ 물이 나오지 않는다는 것을 알 수 있도록 마이크로비트의 LED에 아이콘을 출력합니다.

4.2　절수기 만들기

마이크로비트와 인체 감지 센서를 사용하여 하드웨어를 완성하고, 주변에서 쉽게 구할 수 있는 재활용품을 사용하여 손을 깨끗하게 씻을 수 있는 절수기 세면대를 만들어 보겠습니다.

준비물 준비하기

다음과 같이 필요한 부품과 꾸미기 재료를 준비합니다.

마이크로비트

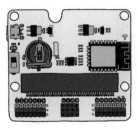
iot:bit 확장 보드

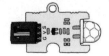
인체 감지 센서

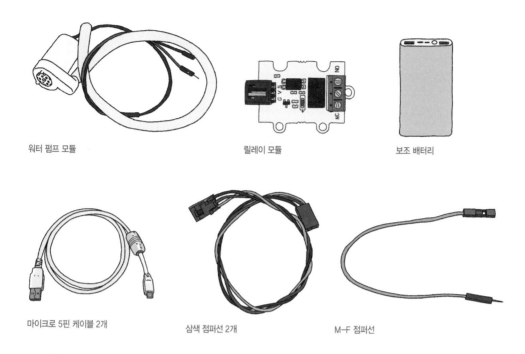

워터 펌프 모듈

릴레이 모듈

보조 배터리

마이크로 5핀 케이블 2개

삼색 점퍼선 2개

M-F 점퍼선

꾸미기 재료: 재활용 상자(또는 하드보드지), 재활용 플라스틱 컵 2개, 주름 빨대, 테이프, 가위(또는 칼)

하드웨어 연결하기

① **iot:bit**의 파란색 슬롯에 **마이크로비트**를 연결합니다.

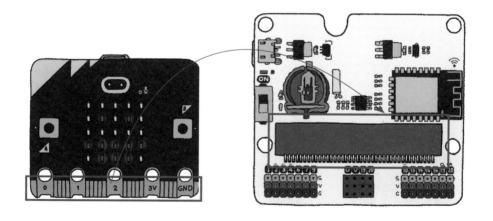

② **인체 감지 센서**를 삼색 점퍼선을 사용하여 **iot:bit 16번 핀**에 연결합니다.

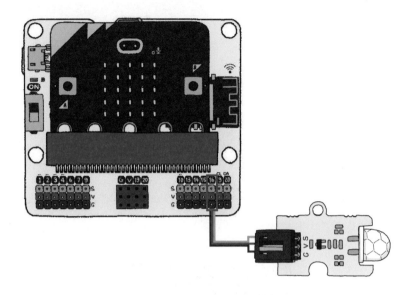

③ **릴레이 모듈**을 삼색 점퍼선을 사용하여 **iot:bit 2번 핀**에 연결합니다.

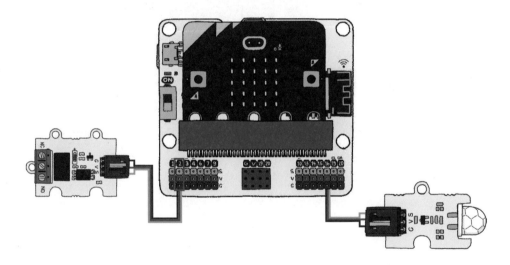

❹ 워터 펌프를 연결하겠습니다. 먼저, 릴레이 모듈의 파랑색 단자 중 **가운데 단자**에 **워터 펌프**의 **빨강색 전선**을 연결합니다.

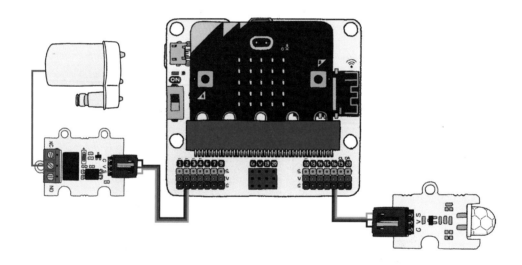

TIP

릴레이 모듈에 워터 펌프의 빨간색 전선을 연결할 때는 전선의 뾰족한 부분을 릴레이 모듈 단자에 넣고, 드라이버를 사용하여 나사를 돌려 점퍼선이 빠지지 않도록 고정해 주세요.

⑤ **워터 펌프**의 **검정색 전선**을 iot:bit의 **검정색 핀(GND)**에 꽂습니다.

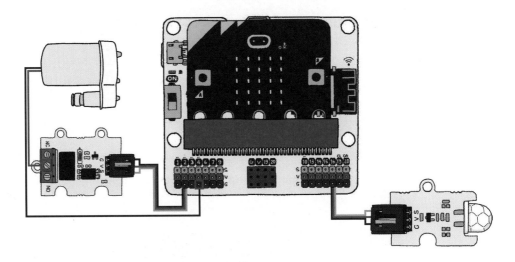

> **TIP** 워터 펌프의 검정색 전선은 iot:bit의 검정색 핀이라면 아무곳에나 꽂아도 됩니다(OLED 핀 제외). 여기서는 4번 핀에 꽂았습니다.

⑥ M−F 점퍼선을 사용하여 릴레이 모듈의 **NO 단자**와 iot:bit의 **빨간색 핀(VCC)**을 연결합니다.

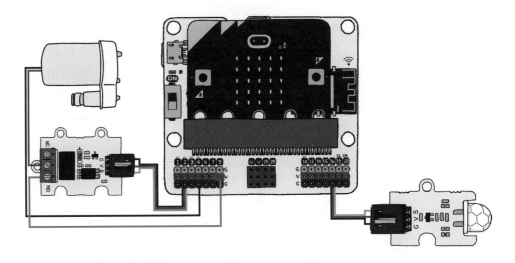

> **TIP** M−F 점퍼선(그림에서 초록색 전선)은 전선의 양쪽 끝이 서로 다른 모양으로 되어 있습니다. 릴레이 모듈과 iot:bit를 연결할 때는 M−F 점퍼
> 선의 뾰족한 부분을 릴레이 모듈 단자에 넣고, 나머지 부분을 iot:bit의 빨간색 핀 중 아무곳에나 꽂습니다. 여기서는 9번 핀에 꽂았습니다.

릴레이 모듈의 NO와 NC 단자

릴레이 모듈에는 NO와 NC 단자가 있습니다. NO(Normal Open)는 평상시에는 스위치가 열려 있다가 전류가 흐르면 닫히고, NC(Normal Close)는 NO와 반대로 평상시에는 스위치가 닫혀 있다가 전류가 흐르면 열립니다. 만약, 어떤 부품을 전류가 흐를 때 작동하고 싶다면 NO 단자에 연결하고, 전류가 흐를 때 차단하고 싶다면 NC 단자에 연결하면 됩니다. 가운데 단자는 공통 단자로, 작동하고자 하는 기기의 VCC에 연결해서 사용합니다. 여기서는 워터 펌프의 빨간색 점퍼선이 VCC입니다.

⑦ 마이크로 5핀 케이블을 사용하여 **보조 배터리**를 iot:bit와 **마이크로비트**에 각각 연결합니다.

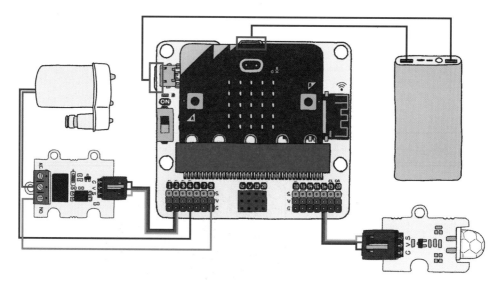

TIP

마이크로비트와 iot:bit에는 USB 전원 포트가 있습니다. 각 전원 포트를 마이크로 5핀 케이블을 사용하여 보조 배터리와 연결해 주세요. 이때 5V 1A 이상의 보조 배터리나 어댑터를 사용한다면 위 그림처럼 두 전원 포트를 모두 연결하지 않고 iot:bit의 USB 포트에만 연결해도 마이크로비트와 연결된 부품에 전원이 골고루 공급되어 프로젝트를 작동시킬 수 있습니다.

iot:bit의
USB 포트

마이크로비트의
USB 포트

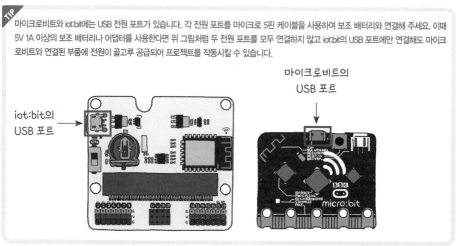

겉모습 꾸미기

① 이제 절수기의 겉모습을 꾸며 보겠습니다. 주변에서 쉽게 구할 수 있는 재활용 종이상자를 준비하고, 다음과 같이 한쪽 면을 잘라내 주세요.

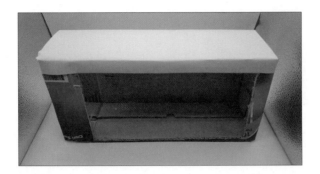

> **TIP** 상자 크기는 여러분이 준비한 재활용 플라스틱 컵 2개와 앞에서 만든 하드웨어가 들어갈 정도면 충분합니다. 상자의 한쪽 면을 잘라내면 하드웨어 부품이나 플라스틱 컵 등을 쉽게 집어넣을 수 있어요. 이번 프로젝트에서는 물을 사용하므로 준비 과정에서 물을 쏟아 부품들이 고장 나지 않도록 조심해야 합니다.

② 워터 펌프에서 나온 물을 받을 수 있도록 상자의 윗면을 동그랗게 잘라내어 재활용 플라스틱 컵을 꽂습니다.

> **TIP** 이 부분이 세면대가 되어 줄 거예요. 상자를 잘라낼 때는 컵이 아래로 완전히 빠지지 않도록 컵의 둘레보다 더 작게 잘라내야 합니다.

❸ 워터 펌프에 호스를 연결하고, 호스의 반대쪽에는 수도꼭지 역할을 할 주름 빨대를 연결합니다.

❹ 주름 빨대를 통해 물이 흘러 나오도록 다음과 같이 상자에 구멍을 뚫은 후 빨대를 꽂아 주세요.

❺ 움직임을 감지할 인체 감지 센서를 박스 바깥쪽에 고정합니다. 다음과 같이 구멍을 뚫어 인체 감지 센서를 꽂은 후 움직이지 않도록 테이프로 고정시켜 주세요.

❻ 앞에서 연결한 하드웨어를 박스 안쪽에 넣어 테이프로 고정하고, 또 하나의 재활용 플라스틱 컵에 물과 워터 펌프를 담아 박스 속에 넣습니다.

TIP
위 그림과 같이 사용하지 않는 거울이나, 아크릴 거울 등을 사용하여 진짜 세면대처럼 꾸며 보세요.

4.3 절수기 코딩하기

⊙ **완성 파일** microbit-절수기.hex

앞에서 만든 절수기가 제대로 동작하도록 코딩할 차례입니다. 앞에서 만들었던 알고리즘을 떠올리면서 어떻게 코딩하면 좋을지 생각해 보세요.

코딩 시작하기

❶ MakeCode 편집기에서 **새 프로젝트**를 클릭하고, 프로젝트 이름을 **절수기**라고 입력한 뒤 **생성**을 클릭합니다.

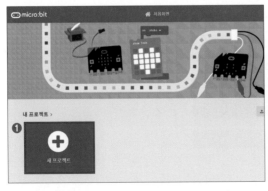

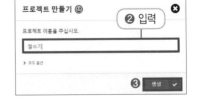

• **MakeCode 편집기 바로가기** https://makecode.microbit.org/

초기화하기

1 기본 꾸러미에서 **아이콘 출력** 블록을 가져와 **시작하면 실행** 블록 안쪽에 연결합니다.

> **TIP** 시작하면 하트 모양 아이콘을 출력하여 마이크로비트가 새로 시작되었음을 알려 주는 것이랍니다.

알고리즘에 따라 코딩하기

1 인체 감지 센서가 사람의 움직임을 감지했을 때와 감지하지 못했을 때를 구분하여 코딩하기 위해 **논리** 꾸러미에서 **만약(if) 참(true)이면(then) 실행/아니면(else) 실행** 블록을 가져와 **무한반복 실행** 블록 안쪽에 연결합니다.

2 조건을 코딩하기 위해 논리 꾸러미에서 **0 = 0** 블록을 가져와 **만약(if) 참(true)이면(then) 실행/아니면(else) 실행** 블록의 '참(true)' 부분에 끼웁니다.

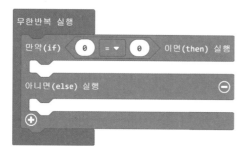

③ **고급** 꾸러미를 펼쳐 **핀** 꾸러미에서 P0의 디지털 입력 값 블록을 가져와 0 = 0 블록의 첫 번째 '0'에 끼웁니다. 그리고 'P0'를 클릭하여 인체 감지 센서가 연결된 **P16**으로 바꿉니다.

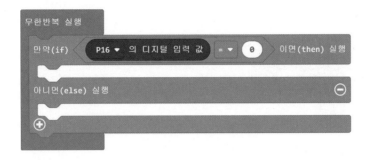

④ 0 = 0 블록의 두 번째 '0'을 클릭하여 1로 바꿉니다.

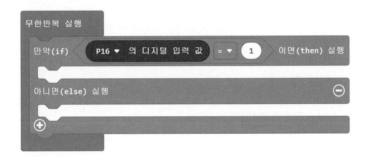

> **TIP** 이 프로젝트에서 조건은 인체 감지 센서가 움직임을 감지했는지 감지하지 못했는지를 판단하는 것입니다. 인체 감지 센서는 움직임을 감지하면 1을 출력하고 움직임을 감지하지 못하면 0을 출력하므로 0을 1로 바꾼 것이에요.

⑤ **핀** 꾸러미에서 P0에 디지털 값 0 출력 블록을 가져와 다음과 같이 연결합니다. 그리고 'P0'를 P2로 변경하고, '0'을 1로 바꿉니다.

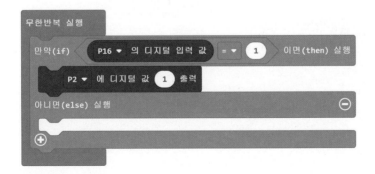

> **TIP** P2에 디지털 값 1 출력 블록은 iot:bit의 2번 핀에 연결한 릴레이 모듈을 작동하는 코드입니다. 그래야 워터 펌프를 작동시킬 수 있어요.

⑥ **기본** 꾸러미에서 아이콘 출력 블록을 가져와 다음과 같이 연결하고, '하트' 모양을 **맞음** 모양
으로 바꿉니다.

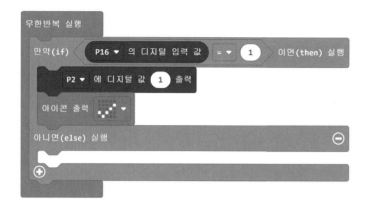

> **TIP** 마이크로비트를 시작했을 때 '하트' 모양을 출력하여 시작을 확인한 것처럼 '맞음' 모양을 출력하여 릴레이 모듈에 1을 출력하는 코드가 실행
> 되었음을 확인할 수 있어요. 이런 아이콘 출력이 없으면 코드가 어디까지 실행되었는지 알기가 어렵답니다.

⑦ 이제 인체 감지 센서가 움직임을 감지하지 못했을 때 릴레이 모듈이 작동하지 않게 코딩하
겠습니다. **핀** 꾸러미에서 P0에 디지털 값 0 출력 블록을 가져와 다음과 같이 연결하고, 'P0'를
P2로 바꿉니다.

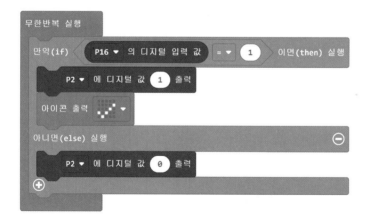

> **TIP** 릴레이 모듈이 작동하지 않아야 하므로 P2에 디지털 값 0 출력 블록의 '0'은 그대로 두어야겠죠?

8 코드가 실행되었음을 확인하기 위해 **기본** 꾸러미에서 아이콘 출력 블록을 가져와 '하트' 모양을 **행복함** 모양으로 바꿉니다.

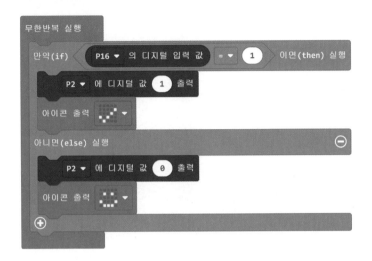

TIP 여기서는 물을 아껴서 행복하다는 의미로 '행복함' 표시를 출력했어요. 여러분은 자유롭게 아이콘 모양을 선택해도 좋습니다.

코드 업로드하기

1 완성한 코드를 마이크로비트에 업로드하여 프로젝트를 실행하겠습니다. 먼저, 편집기 하단의 **다운로드** 버튼을 클릭하여 완성한 코드를 내려받습니다.

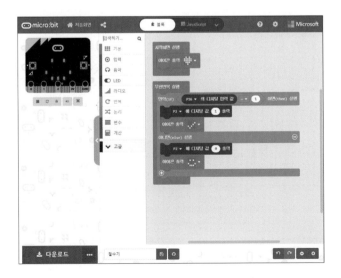

② 마이크로 5핀 USB 케이블을 사용하여 마이크로비트와 PC를 연결하면 MICROBIT 드라이브 창이 열립니다.

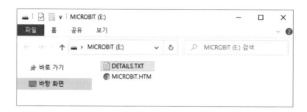

③ 앞에서 내려받은 hex 파일을 마우스 오른쪽 버튼을 클릭하여 복사하고, MICROBIT 드라이브에 붙여 넣습니다.

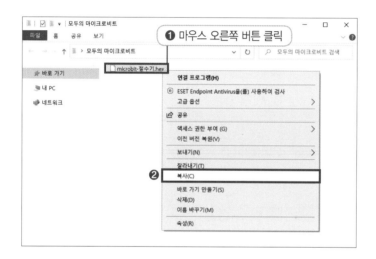

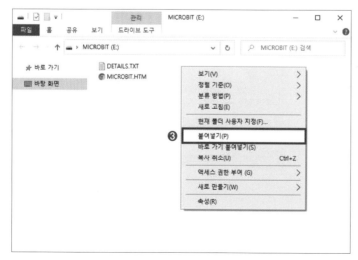

이제 절수기를 사용할 준비를 모두 마쳤습니다. 완성된 절수기가 제대로 작동하는지 확인해 보세요.

왜 안 될까요?

프로젝트가 제대로 실행되지 않는다면 다음과 같은 사항을 확인해 보세요.

1. iot:bit와 마이크로비트에 연결한 보조 배터리의 케이블이 잘 연결되었는지 확인해 보세요. 특히, iot:bit의 전원 버튼이 ON인지 확인해 보세요. 둘 중 하나의 케이블이 빠져 있거나 꺼져(OFF) 있으면 프로젝트가 제대로 작동하지 않습니다.

2. 워터 펌프가 물에 완전히 잠기지 않으면 작동되지 않을 수 있어요.

3. 워터 펌프의 전선들이 잘 연결되었는지 확인해 보세요. 워터 펌프의 빨강색 선은 릴레이 모듈의 가운데 단자에, 검정색 선은 iot:bit의 검정색 선에 연결되어야 합니다.

5장

온도가 오르면
저절로 켜지는 선풍기

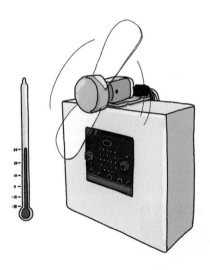

더운 여름날 선풍기가 손에 닿지 않는 곳에 있다면 어떤가요? 더위에 지쳐 선풍기가 있는 곳까지 가기 귀찮을 때 온도에 따라 자동으로 켜지는 선풍기가 있다면 참 편리하겠죠? 마이크로비트와 온도 센서를 사용하면 온도가 높으면 저절로 켜지는 똑똑한 선풍기를 만들 수 있습니다.

이번 절에는 온도를 측정하는 온도 센서에 대해 알아보고, 일정 온도가 넘어가면 자동으로 선풍기를 켜는 알고리즘을 만들어 보겠습니다.

온도 센서 알아보기

온도 센서(temperature sensor)는 온도 변화를 감지하여 측정 가능한 신호로 바꿔 알려 주는 센서로, 우리 주변에서 쉽게 볼 수 있는 체온계, 휴대폰, 전기밥솥 등에 다양하게 사용되고 있습니다. 그리고 마이크로비트에는 온도 센서가 내장되어 있는데요. 마이크로비트는 작동할 때 발열이 거의 없어 온도 센서의 기능에 영향을 거의 주지 않는다고 합니다. 다만 여기서는 마이크로비트에 내장된 온도 센서가 아니라 BME280이라는 센서를 사용할 건데요. 이 센서에는 온도 센서, 기압 센서, 습도 센서가 내장되어 있어 온도는 물론이고, 습도와 기압까지도 측정해 준답니다.

그림 5-1 | 온도 센서(BME280)

마이크로비트 뒷면을 보면 왼쪽 윗부분에 작은 칩이 보이는데요. 이 칩 안에 온도 센서가 내장되어 있답니다.

선풍기 알고리즘

똑똑한 선풍기를 만들려면 어떻게 코딩해야 하는지 알고리즘으로 먼저 표현해 볼까요?

1 | 온도 센서가 온도와 습도를 측정합니다.

2 | 측정한 온도 값과 습도 값을 OLED에 출력합니다.

3 | 온도 값이 25보다 높으면

    3-1 | 마이크로비트를 '슬픈 표정'으로 바꾸고

    3-2 | DC 모터 선풍기를 켭니다.

4 | 온도 값이 25보다 같거나 낮으면

    4-1 | 마이크로비트를 '웃는 표정'으로 바꾸고

    4-2 | DC 모터 선풍기를 끕니다.

5.2 선풍기 만들기

마이크로비트와 BME280 센서, DC 모터를 사용하여 하드웨어를 만들고, 주변에서 쉽게 구할 수 있는 재료로 선풍기 겉모습을 꾸며 보겠습니다.

준비물 준비하기

다음과 같이 필요한 부품과 꾸미기 재료를 준비합니다.

마이크로비트

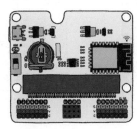

iot:bit 확장 보드

온도 센서

OLED

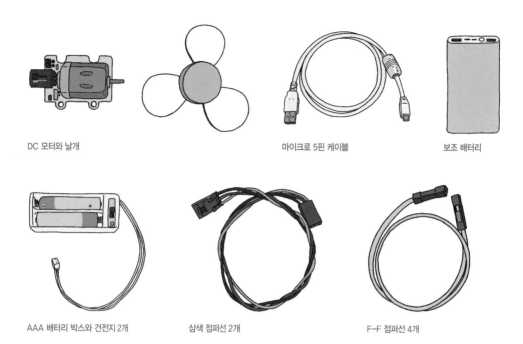

DC 모터와 날개

마이크로 5핀 케이블

보조 배터리

AAA 배터리 박스와 건전지 2개

삼색 점퍼선 2개

F-F 점퍼선 4개

꾸미기 재료: 재활용 상자(또는 하드보드지), 양면 테이프, 자, 칼(또는 가위)

하드웨어 연결하기

① iot:bit의 파란색 슬롯에 **마이크로비트**를 연결합니다.

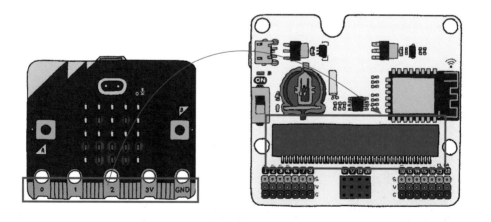

❷ 온도와 습도 값을 출력할 OLED를 iot:bit 하단의 I2C 인터페이스 첫 번째 줄에 연결합니다.

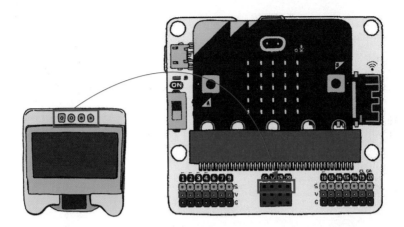

❸ 온도와 습도를 측정하기 위한 **온도 센서**(BME280)를 iot:bit에 연결합니다. BME280 센서는 다른 센서들과 달리 핀 연결 부분이 4개의 핀으로 되어 있어 F–F 점퍼선 4개가 필요합니다. BME280 센서의 **GND 핀**을 iot:bit 20번 핀 중 검은색에, VCC 핀은 **20번 핀의 빨간색**에, SDA 핀은 **20번 핀의 노란색**에 연결하고, SCL 핀은 **19번 핀의 노란색**에 연결합니다.

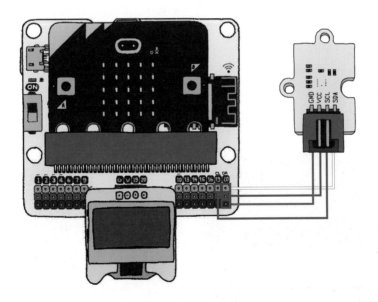

TIP
SDA와 SCL을 잘 구분해서 연결해야 센서가 제대로 동작합니다.

❹ 선풍기로 사용할 **DC 모터**에 **날개**를 연결하고, 삼색 점퍼선을 사용하여 **iot:bit 15번 핀**에 연결합니다.

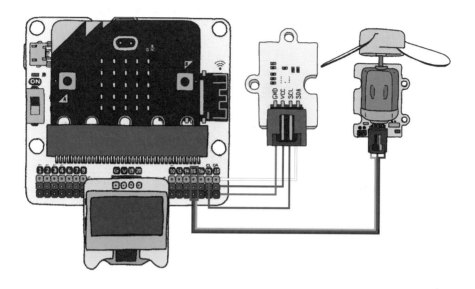

❺ 마이크로비트에 전원을 공급하기 위해 **AAA 배터리 박스**에 **AAA 건전지** 2개를 넣어 마이크로비트에 연결하고, iot:bit 확장 보드에 **마이크로 5핀 케이블**을 사용하여 **보조 배터리**를 연결합니다.

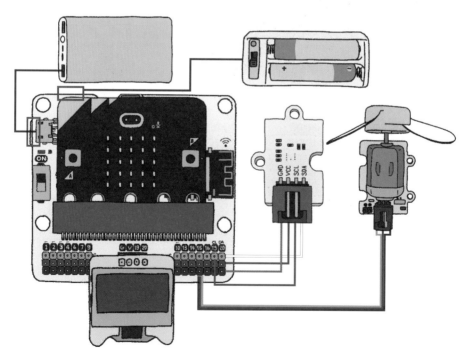

겉모습 꾸미기

1 앞에서 연결한 도구들이 모두 들어갈 만한 상자를 준비합니다.

> **TIP** 상자의 크기는 앞에서 연결한 하드웨어가 들어가기만 하면 자유롭게 정해도 좋습니다. 여기서는 가로세로 15cm 정도의 상자를 사용했어요. 3장에서 사용한 상자를 사용해도 좋아요.

2 마이크로비트 LED 부분과 OLED 화면이 잘 보이도록 상자 앞면을 오려내고, 외부 온도를 측정할 온도 센서를 밖으로 빼낼 수 있도록 상자 뒷면도 오려냅니다.

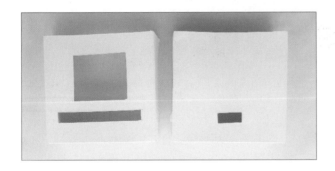

3 앞에서 연결한 하드웨어를 상자 안에 넣고, 마이크로비트 LED 부분과 OLED 화면, 온도 센서가 밖으로 보이도록 만들어 주세요. DC 모터는 양면 테이프를 사용하여 상자 윗쪽에 붙입니다.

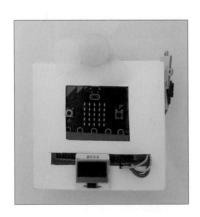

> **TIP** 바람을 쐬면서 LED를 보려면 선풍기 팬이 마이크로비트 LED 화면이 보이는 쪽에 있는 것이 좋겠죠?

5.3 선풍기 코딩하기

● **완성 파일** microbit-똑똑한선풍기.hex

똑똑한 선풍기가 제대로 작동하도록 코딩해 볼까요? 앞에서 만들었던 알고리즘을 떠올리면서 어떻게 코딩하면 좋을지 생각해 보세요.

코딩 시작하기

① MakeCode 편집기에서 **새 프로젝트**를 클릭하고, 프로젝트 이름을 **똑똑한선풍기**라고 입력한 뒤 **생성**을 클릭합니다.

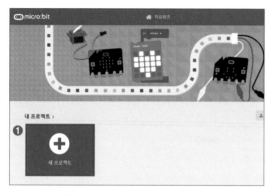

- **MakeCode 편집기 바로가기** https://makecode.microbit.org/

② 온도 센서를 사용하기 위해 **고급** 꾸러미와 **확장** 꾸러미를 차례로 클릭한 뒤, 검색창에 **iot**를 입력하고 **iot-environment-kit**를 선택합니다.

변수 만들기와 초기화하기

1 온도 센서가 측정한 온도 값과 습도 값을 저장할 변수를 만들겠습니다. **변수** 꾸러미에서 **변수 만들기**를 클릭하고 temp를 입력한 뒤 **확인** 버튼을 클릭합니다. 그리고 같은 방법으로 hum 변수도 추가합니다.

※ 이 장에서 사용하는 변수

변수 이름	설명
temp	temperature(온도)를 줄여 만든 이름으로, 센서가 측정한 온도 값을 저장할 공간입니다.
hum	humidity(습도)를 줄여 만든 이름으로, 센서가 측정한 습도 값을 저장할 공간입니다.

2 OLED의 해상도를 128×64로 초기화하기 위해 OLED 꾸러미에서 `initialize OLED with width 128 height 64` 블록을 가져와 `시작하면 실행` 블록 안쪽에 연결합니다.

3 처음 시작하면 DC 모터가 멈춰 있도록 초기화하겠습니다. **고급** 꾸러미와 **핀** 꾸러미를 차례로 클릭하여 `P0에 디지털 값 0 출력` 블록을 가져와 다음과 같이 연결합니다. 그리고 'P0'를 DC 모터가 연결된 핀 번호인 **P15**로 바꿉니다.

> **TIP** DC 모터는 디지털 출력 값이 0이면 정지하고, 1이면 회전합니다.

알고리즘에 따라 코딩하기

① 온도 센서가 측정한 온도 값과 습도 값을 OLED에 출력하도록 코딩해 보겠습니다. 먼저, **OLED** 꾸러미에서 `clear OLED display` 블록을 가져와 `무한반복 실행` 블록 안쪽에 연결합니다.

② 온도 센서가 측정한 온도 값을 temp 변수에 저장하기 위해 **변수** 꾸러미에서 `hum에 0 저장` 블록을 가져와 다음과 같이 연결하고, 'hum'을 **temp**로 바꿉니다.

③ **Octopus** 꾸러미에서 `value of BME280 temperature` 블록을 가져와 `temp에 0 저장` 블록의 '0' 부분에 끼웁니다.

> **TIP**
> `value of BME280 temperature` 블록은 온도 센서(BME280)가 측정한 온도 값을 가져오는 블록입니다.

④ **OLED** 꾸러미에서 `show (without newline) string " "` 블록을 가져와 다음과 같이 연결하고, 빈칸에 **Temperature(C):** 라고 입력합니다.

```
무한반복 실행
  clear OLED display
  temp ▼ 에  value of BME280  temperature(℃) ▼  저장
  show (without newline) string  " Temperature(C):  "
```

> **TIP**
> OLED에 온도나 습도 값이 숫자로만 표시되면 해당 숫자가 온도인지 습도인지 헷갈릴 수 있으므로 다음에 나오는 값이 온도라는 것을 알려주는 용도로 사용합니다. Temperature(C): 다음에는 띄어쓰기용 빈칸이 포함되어 있습니다.

⑤ **OLED** 꾸러미에서 `show (without newline) number 0` 블록을 가져와 다음과 같이 연결하고, 변수 꾸러미에서 `temp` 블록을 가져와 '0' 부분에 끼웁니다.

```
무한반복 실행
  clear OLED display
  temp ▼ 에  value of BME280  temperature(℃) ▼  저장
  show (without newline) string  " Temperature(C):  "
  show (without newline) number  temp ▼
```

⑥ 줄바꿈 블록을 연결하여 습도 값을 다음 줄에 표시하도록 코딩하겠습니다. **OLED** 꾸러미에서 `insert newline` 블록을 가져와 다음과 같이 연결합니다.

```
무한반복 실행
  clear OLED display
  temp ▼ 에  value of BME280  temperature(℃) ▼  저장
  show (without newline) string  " Temperature(C):  "
  show (without newline) number  temp ▼
  insert newline
```

⑦ 습도 값을 표시하는 코드는 온도 값을 표시하는 코드와 아주 비슷합니다. `temp에` `value fo` `BME280 temperature(℃)` `저장` 블록 위에서 **마우스 오른쪽 버튼**을 클릭하고 **복사**를 선택한 뒤 복사된 블록을 다음과 같이 연결합니다. 그리고 'temp'를 **hum**으로 바꾸고 'temperature(℃)' 를 **humidity(0~100)**로 바꿉니다.

⑧ 마찬가지로 `show (without newline) string "Temperature(C): "` 블록과 `show (without` `newline) number temp` 블록을 복사하여 다음과 같이 붙여넣고, 'Temperature(C): '는 **Humidity(0~100):** 로 바꾸고, 'temp' 변수는 **hum** 변수로 바꿉니다.

❾ 온도 값이 25도보다 높으면 DC 모터를 작동하도록 코딩해 보겠습니다. **논리** 꾸러미에서 만약(if) 참(true)이면(then) 실행 / 아니면(else) 실행 블록을 가져와 다음과 같이 연결합니다.

❿ **논리** 꾸러미에서 0 < 0 블록을 가져와 만약(if) 참(true)이면(then) 실행 / 아니면(else) 실행 블록의 '참(true)' 부분에 끼웁니다. 그리고 첫 번째 '0'은 25로 바꾸고, 두 번째 '0'에는 **변수** 꾸러미에서 temp 블록을 가져와 끼웁니다.

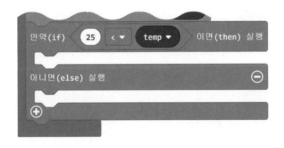

> **TIP**
> 여기서 25도는 우리가 임의로 지정한 값입니다. 이 기준값은 여러분이 원하는 대로 바꿔도 좋습니다. 여러분이 더위를 잘 타지 않는다면 27~28도로 기준값을 정하는 것도 좋겠죠?

⑪ 온도 값이 25도를 넘으면 마이크로비트에 '슬픈 표정'을 표시해 보겠습니다. **기본** 꾸러미에서 아이콘 출력 블록을 가져와 다음과 같이 연결하고, '하트' 모양을 **슬픔** 모양으로 바꿉니다.

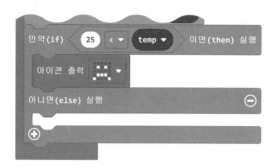

⑫ 온도 값이 25도가 넘으면 DC 모터가 회전하도록 코딩해 보겠습니다. **고급** 꾸러미와 **핀** 꾸러미를 차례로 클릭하여 P0에 디지털 값 0 출력 블록을 가져와 연결하고, 'P0'를 **P15**로 바꾸고, '0'은 **1**로 바꿉니다.

⓭ 앞에서 만든 코드를 참고하여 온도 값이 25도 이하일 때 마이크로비트가 웃는 표정을 짓고, DC 모터의 회전을 멈추도록 코딩하겠습니다. 앞에서 만든 **아이콘 출력** 블록과 **P15에 디지털값1 출력** 블록을 복사하여 다음과 같이 붙여넣고, '슬픔' 모양을 **행복함** 모양으로 바꾸고, '1'을 **0**으로 바꿉니다.

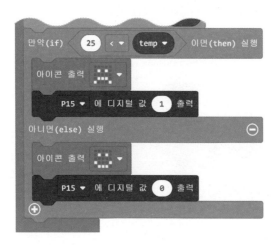

⓮ 온도 센서의 값을 2초에 한 번씩 읽기 위해 **기본** 꾸러미에서 **일시중지 100 (ms)** 블록을 가져와 '100'을 **2000**으로 바꿉니다.

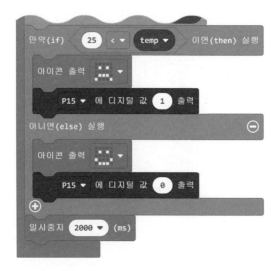

코드 업로드하기

① 완성한 코드를 마이크로비트에 업로드하여 프로젝트를 실행하겠습니다. 먼저, 편집기 하단의 **다운로드** 버튼을 클릭하여 완성한 코드를 내려받습니다.

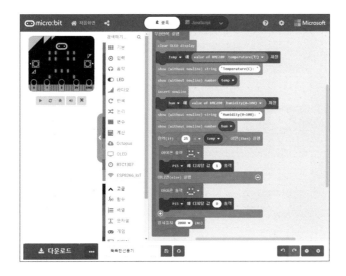

② 마이크로 5핀 USB 케이블을 사용하여 마이크로비트와 PC를 연결하면 MICROBIT 드라이브 창이 열립니다.

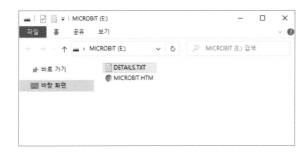

❸ 앞에서 내려받은 hex 파일을 마우스 오른쪽 버튼을 클릭하여 복사하고, MICROBIT 드라이브에 붙여 넣습니다.

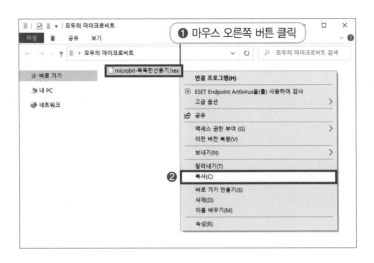

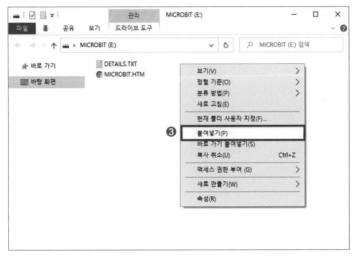

이제 선풍기를 사용할 준비를 모두 마쳤습니다. 여러분이 만든 선풍기가 잘 작동하는지 확인해 보세요.

✔ 체크리스트

☐ 마이크로비트가 실행되면 OLED 화면에 다음과 같이 온도와 습도가 출력되나요? ('27'과 '38'은 온도와 습도이므로 각자 다른 수치가 표시될 거에요.)

> Temperature(C): 27
> Humidity(0~100): 38

☐ 온도가 25도보다 높으면 마이크로비트 LED 화면에 '슬픔'(슬픈 모양) 표시가 출력되고, DC 모터가 회전하나요?

☐ 온도가 25도 이하이면 마이크로비트 LED 화면에 '행복함'(스마일 모양) 표시가 출력되고, DC 모터가 회전을 멈추나요?

⁇ 왜 안 될까요?

프로젝트가 제대로 실행되지 않는다면 다음과 같은 사항을 확인해 보세요.

1. 온습도가 제대로 표시되지 않는다면 온도 센서의 4핀을 제대로 연결했는지 확인해 주세요. 특히, BME280 센서의 GND와 VCC 핀을 제대로 연결해야 합니다.

2. 선풍기가 반대로 동작한다면 블록 코드에서 부등호 방향이 반대로 되어 있지 않은지 확인해 주세요.

3. 온도를 조절하기 힘들어서 실험하지 못할 때는 전기 히터나 냉장고를 이용해 보세요. 아니면, 기준 온도를 더 낮거나 높게 고쳐도 좋습니다.

반짝이는
주사위 만들기

세상에는 다양한 모양, 다양한 크기의 주사위가 있지만, 우리는 밤에도 사용할 수 있는 빛이 나는 주사위를 만들어 보겠습니다. 마이크로비트의 자이로 센서, RGB-LED를 사용하면 흔들면 빛나는 주사위를 만들 수 있습니다.

이번 절에서는 물체의 회전을 감지하는 자이로 센서에 대해 알아보고, 주사위를 흔들면 1부터 6까지 숫자 중 하나를 무작위로 선택하고, 다양한 빛을 내뿜는 주사위 알고리즘을 만들어 보겠습니다.

자이로 센서 알아보기

자이로 센서(gyro sensor)의 gyro는 라틴어로 '회전하다'라는 뜻으로, 회전하는 물체의 회전각을 센서를 통해 감지한다는 의미에서 자이로 센서라고 불리게 되었어요. 자이로 센서는 항공기의 움직임 변화와 각속도를 감지해 항공기가 공간에서 비행하는데 결정적인 도움을 주기도 하고, 스마트폰 파노라마 사진을 촬영할 때처럼 흔들림 없는 미세한 컨트롤을 할 때도 사용됩니다. 자이로 센서는 '가속도 센서'와 함께 사용되어 동작 인식을 효과적으로 하는 역할을 하는데, 가속도 센서는 센서에 발생하는 가속도를 측정하고, 자이로 센서는 센서에 발생하는 회전 속도를 측정합니다.

그림 6-1 | 마이크로비트의 자이로 센서

주사위 알고리즘

반짝이는 주사위 측정기를 만들려면 어떻게 코딩해야 하는지 알고리즘으로 먼저 표현해 볼까요?

1 | 자이로 센서가 흔들림을 감지하면

2 | 1부터 6까지의 숫자 중 하나를 무작위로 선택합니다.

3 | 선택된 숫자를 OLED 디스플레이에 아라비아 숫자로 출력하고

4 | 선택된 숫자를 LED 매트릭스에 주사위 눈 모양으로 출력한 뒤

5 | 다양한 색의 빛을 출력합니다.

6.2 주사위 만들기

마이크로비트와 RGB-LED를 사용하여 하드웨어를 완성하고, 재활용 상자와 색종이를 사용하여 주사위를 꾸며 보겠습니다.

준비물 준비하기

다음과 같이 필요한 부품과 꾸미기 재료를 준비합니다.

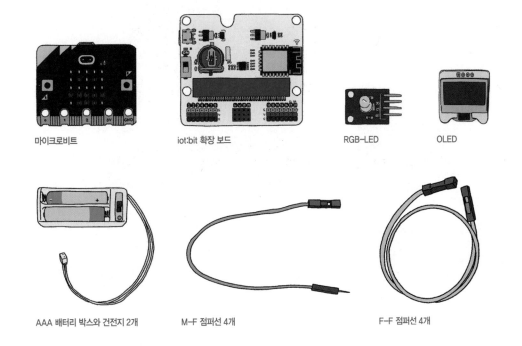

꾸미기 재료: 재활용 상자(또는 두꺼운 도화지), 색종이(또는 색 포장지), 테이프, 풀, 가위(또는 칼), 자

하드웨어 연결하기

1 iot:bit의 파란색 슬롯에 **마이크로비트**를 연결합니다.

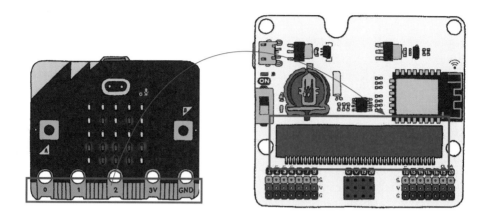

2 OLED를 M-F 점퍼선 4개를 사용하여 iot:bit에 연결합니다. 이때 OLED의 **G 핀**은 iot:bit I2C **인터페이스**의 **G 핀**에, **V 핀**은 **V 핀**에 연결하고, **CL 핀**은 19번 핀에, **SD 핀**을 20번 핀에 연결합니다.

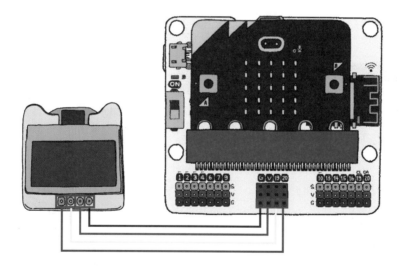

> **TIP**
> OLED의 핀 번호는 뒷면에 써 있습니다. 여기서는 점퍼선을 I2C 인터페이스의 셋째 줄에 연결했지만 다른 장에서처럼 첫째 줄에 연결해도 상관없습니다. OLED를 점퍼선으로 연결하는 이유는 주사위 한 면에 OLED를 보이게 하고 다른 면에 마이크로비트 LED 화면을 보이기 위해서입니다.

❸ RGB-LED를 F-F 점퍼선 4개를 사용하여 iot:bit에 연결합니다. RGB-LED의 GND 핀을 iot:bit 10번 G핀(검정색)에 연결하고, R 핀은 13번 S 핀(노랑색)에, G 핀은 14번 S 핀에, B 핀은 15번 S 핀에 연결합니다.

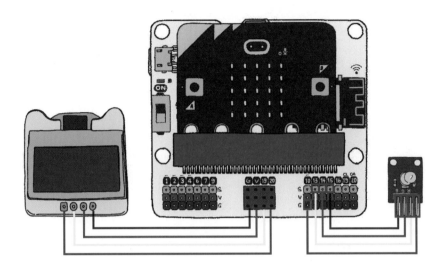

❹ 마이크로비트에 전원을 공급하기 위해 **AAA 배터리 박스**에 **AAA 건전지 2개**를 넣어 마이크로 비트에 연결합니다.

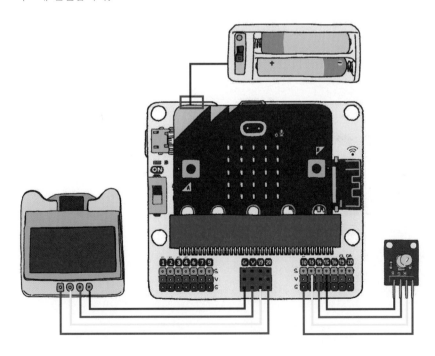

겉모습 꾸미기

① 두꺼운 도화지에 정육면체 전개도를 그립니다.

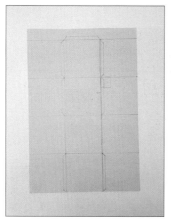 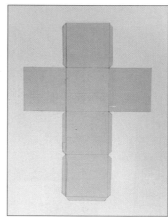

TIP
앞에서 만든 하드웨어가 박스 안에 모두 들어가도록 정육면체 한 변의 길이를 7.5cm로 했습니다. 전개도를 만드는 게 어렵다면 하드웨어가 들어갈 만한 재활용 상자로 대신해도 좋습니다.

② 주사위 바깥쪽에서 마이크로비트 LED 부분과 OLED가 보이도록 정육면체 전개도를 오려 냅니다. 그리고 건전지의 전원을 밖에서 켜고 끌 수 있도록 스위치를 고정할 부분도 오려 내 주세요.

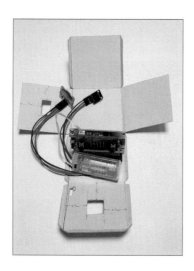

③ RGB-LED의 빛이 밖으로 잘 새어 나올 수 있도록 송곳이나 핀 등을 이용해 종이에 구멍을 뚫고, 주사위의 겉모습을 자유롭게 꾸며 보세요.

④ 주사위를 흔들 때 부품이 흔들리지 않도록 테이프로 단단히 고정한 후 전개도를 접어 주사위 모양을 만듭니다. 마이크로비트 LED 부분과 OLED는 주사위 밖에서 보이도록 붙여 주세요.

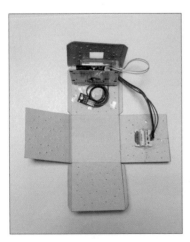 

6.3 주사위 코딩하기

● **완성 파일** microbit-반짝이는주사위.hex

주사위가 제대로 작동하도록 코딩해 볼까요? 앞에서 만들었던 알고리즘을 떠올리면서 어떻게 코딩하면 좋을지 생각해 보세요.

코딩 시작하기

① MakeCode 편집기에서 **새 프로젝트**를 클릭하고, 프로젝트 이름을 **반짝이는주사위**라고 입력한 뒤 **생성**을 클릭합니다.

· **MakeCode 편집기 바로가기** https://makecode.microbit.org/

② 온도 센서를 사용하기 위해 **고급** 꾸러미와 **확장** 꾸러미를 차례로 클릭한 뒤, 검색창에 iot를 입력하고 **iot-environment-kit**를 선택합니다.

변수 만들기와 초기화하기

❶ 주사위 값을 저장할 변수를 만들겠습니다. **변수** 꾸러미에서 **변수 만들기**를 클릭하고 우리가
사용할 변수인 **주사위**를 입력한 뒤 **확인** 버튼을 클릭합니다.

※ 이 장에서 사용하는 변수

변수 이름	설명
주사위	1부터 6까지의 임의의 숫자를 저장하는 변수

❷ **OLED** 꾸러미에서 `initialize OLED width 128 height 64` 블록을 가져와 `시작하면 실행` 블록 안
쪽에 연결합니다.

❸ RGB–LED에서 빛을 출력할 세 핀(R, G, B)을 초기화하겠습니다. R 핀을 초기화하기 위
해 **핀** 꾸러미에서 `P0에 아날로그 값 1023 출력` 블록을 가져와 다음과 같이 연결하고, 'P0'를
P13 (출력 전용)으로 바꾸고, '1023'을 **0**으로 바꿉니다.

> **TIP** 아날로그 값에 0을 출력하면 LED가 꺼지고, 1023을 출력하면 가장 밝은 빛을 냅니다.

④ G 핀과 B 핀도 초기화하기 위해 **P13 (출력 전용)에 아날로그 값 0 출력** 블록을 두 번 복사하여 붙여 넣습니다. 그리고 'P13 (출력전용)'을 각각 **P14 (출력 전용)**과 **P15 (출력 전용)**으로 바꿉니다.

```
시작하면 실행
    initialize OLED with width 128 height 64
    P13 (출력 전용) ▼ 에 아날로그 값 0 출력
    P14 (출력 전용) ▼ 에 아날로그 값 0 출력
    P15 (출력 전용) ▼ 에 아날로그 값 0 출력
```

알고리즘에 따라 코딩하기

① 마이크로비트의 자이로 센서를 사용하기 위해 **입력** 꾸러미에서 **흔들림 감지하면 실행** 블록을 가져옵니다.

```
흔들림 ▼ 감지하면 실행
```

② 주사위 변수에 1부터 6까지 숫자 중 임의의 수를 저장하기 위해 **변수** 꾸러미에서 **주사위에 0 저장** 블록을 가져와 **흔들림 감지하면 실행** 블록 안쪽에 연결합니다.

```
흔들림 ▼ 감지하면 실행
    주사위 ▼ 에 0 저장
```

③ **계산** 꾸러미에서 **0부터 10까지의 정수 랜덤값** 블록을 가져와 다음과 같이 끼우고, '0'을 각각 1과 6으로 바꿉니다.

```
흔들림 ▼ 감지하면 실행
    주사위 ▼ 에 1 부터 6 까지의 정수 랜덤값 저장
```

④ 무작위로 뽑힌 숫자를 OLED에 나타내 봅시다. 먼저, OLED 화면을 빈 화면으로 만들기 위해 **OLED** 꾸러미에서 clear OLED display 블록을 가져와 다음과 같이 연결합니다.

혼들림 ▼ 감지하면 실행
  주사위 ▼ 에 1 부터 6 까지의 정수 랜덤값 저장
  clear OLED display

⑤ **OLED** 꾸러미에서 show (without newline) string " " 블록을 가져와 다음과 같이 연결하고, 빈칸에 **Your number is ...** 라고 입력합니다.

혼들림 ▼ 감지하면 실행
  주사위 ▼ 에 1 부터 6 까지의 정수 랜덤값 저장
  clear OLED display
  show (without newline) string "Your number is …"

⑥ 주사위 변수에 저장된 숫자를 OLED 화면에 출력하기 위해 **OLED** 꾸러미에서 show (without newline) number 0 블록을 가져와 다음과 같이 연결합니다. 그리고 **변수** 꾸러미에서 주사위 블록을 가져와 '0' 부분에 끼웁니다.

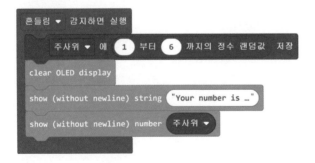

> TIP
> 임의의 수가 5라면 OLED에는 "Your number is … 5"라고 출력됩니다.

⑦ 마이크로비트 LED에 주사위의 눈을 표현해 보겠습니다. 먼저 무작위로 선택된 숫자가 1 부터 6까지 중 어떤 숫자인지 판단하기 위해 **논리** 꾸러미에서 `만약(if) 참(true)이면(then) 실행` 블록을 가져와 다음과 같이 연결하고, **논리** 꾸러미에서 `0 = 0` 블록을 가져와 '참(true)' 부분 에 끼웁니다.

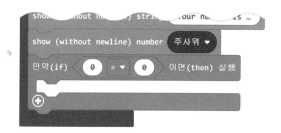

⑧ 무작위로 선택된 숫자가 1일 때를 판단하기 위해 **변수** 꾸러미에서 `주사위` 블록을 가져와 첫 번째 '0'에 끼우고, 두 번째 '0'은 **1**로 고칩니다.

⑨ 주사위 눈 1을 표시하기 위해 **기본** 꾸러미에서 `LED 출력` 블록을 가져와 5×5 칸에 점을 표 시합니다.

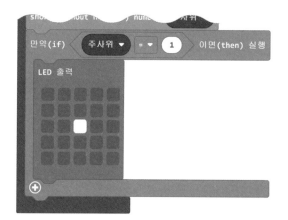

> **TIP**
> `LED 출력` 블록에 있는 네모 칸을 마우 스로 클릭하면 원하는 모양을 표현할 수 있습니다.

⑩ 이와 같은 방식으로 나머지 주사위 눈을 표현하는 코드를 작성합니다.

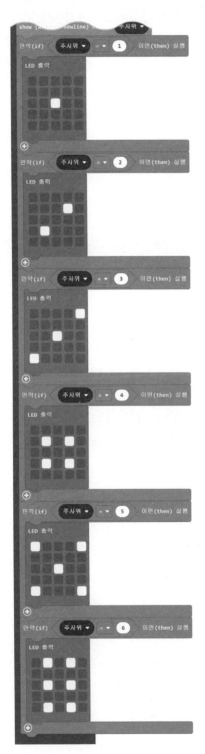

TIP
만약(if) 주사위 = 1이면(then) 실행 블록을 복사하여 붙이고, 숫자와 LED
출력 블록을 고치면 더 빠르게 코드를 작성할 수 있습니다.

⑪ 마지막으로 RGB-LED가 다양한 색을 출력하도록 코딩하겠습니다. 먼저, R 핀의 색을 출력하기 위해 **핀** 꾸러미에서 `P0에 아날로그 값 1023 출력` 블록을 가져와 다음과 같이 연결하고 'P0'를 **P13 (출력 전용)**으로 바꿉니다. 그리고 '1023' 대신 0~1023 중에서 임의의 값을 출력하기 위해 **계산** 꾸러미에서 `0부터 10까지의 정수 랜덤값` 블록을 가져와 끼운 뒤 '10'을 1023으로 바꿉니다.

⑫ G 핀과 B 핀도 마찬가지로 코딩하기 위해 `P13 (출력 전용)에 아날로그 값 0부터 1023까지의 정수 랜덤값 출력` 블록을 두 번 복사하여 붙이고, 'P13 (출력 전용)'을 각각 **P14 (출력 전용)**과 **P15 (출력 전용)**으로 바꿉니다.

코드 업로드하기

① 완성한 코드를 마이크로비트에 업로드하여 프로젝트를 실행하겠습니다. 먼저, 편집기 하단의 **다운로드** 버튼을 클릭하여 완성한 코드를 내려받습니다.

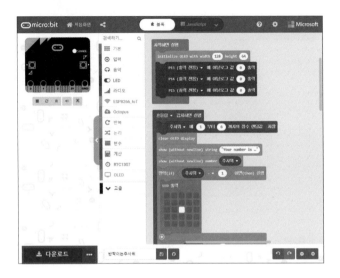

② 마이크로 5핀 USB 케이블을 사용하여 마이크로비트와 PC를 연결하면 MICROBIT 드라이브 창이 열립니다.

③ 앞에서 내려받은 hex 파일을 마우스 오른쪽 버튼을 클릭하여 복사하고, MICROBIT 드라이브에 붙여 넣습니다.

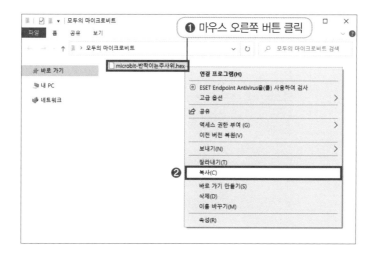

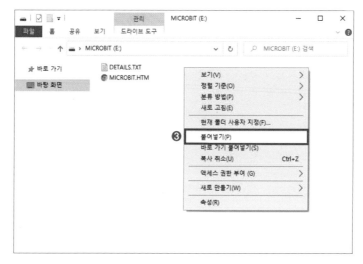

이제 반짝이는 주사위를 사용할 준비를 모두 마쳤습니다. 완성된 주사위를 흔들어 여러분이 만든 작품이 잘 작동하는지 확인해 보세요.

✔ 체크리스트

☐ 주사위를 흔들면 OLED 화면에 다음과 같이 1부터 6까지 숫자 중 하나가 출력되나요?

   Your number is ...6

☐ 마이크로비트 화면에 출력된 주사위 눈 모양이 위에서 나온 숫자와 같은 수인가요?

☐ 주사위를 흔들 때마다 RGB-LED에 출력되는 빛의 색이 달라지나요?

🤷 왜 안 될까요?

프로젝트가 제대로 실행되지 않는다면 다음과 같은 사항을 확인해 보세요.

1. 마이크로비트 화면에 출력된 주사위 눈 모양과 OLED에 나온 숫자가 다르다면 133쪽 코드를 다시 한번 확인해 보세요. 부등호(=) 뒤의 숫자와 `LED 출력` 블록의 주사위 눈이 올바르게 짝을 이루어야 합니다.
2. 주사위를 흔들다가 상자 속에서 핀이 빠지지 않았는지 확인해 보세요.

7장

다가가면
뚜껑이 열리는
스마트 쓰레기통

7.1 스마트 쓰레기통 프로젝트 준비하기

양손 가득 쓰레기를 들고 있을 때 쓰레기통 뚜껑을 열기가 어려웠던 적 있나요? 뚜껑을 열려고 쓰레기통에 달린 페달을 밟았다가 쓰레기통이 엎어진 적은요? 마이크로비트와 초음파 센서, 서보 모터를 사용하면 사람이 다가가면 자동으로 뚜껑이 열리는 스마트한 쓰레기통을 만들 수 있습니다.

이번 절에서는 주변의 사람이나 물체를 인식하는 초음파 센서에 대해 알아보고, 사람이 가까이 다가오면 뚜껑을 열어 주는 스마트 쓰레기통의 알고리즘을 만들어 보겠습니다.

초음파 센서 알아보기

초음파 센서(ultrasonic sensor)는 초음파를 발사해 물체에 반사되어 돌아오는 초음파를 받아 주변의 물체가 얼마나 떨어져 있는지 그 거리를 알려 줍니다. 로봇 청소기가 가구나 장애물을 피해 청소를 하는 것도 초음파 센서를 사용했기 때문입니다. 시중에는 여러 초음파 센서가 있는데요. 이 프로젝트에서 사용하는 초음파 센서는 Sonar:bit(소나비트)라는 센서입니다. sonar는 'sound navigation and ranging'에서 따온 말이라고 해요. 꽤 귀엽게 생겼죠?

그림 7-1 | 초음파 센서(Sonar:bit)

스마트 쓰레기통 알고리즘

뚜껑이 자동으로 열리는 쓰레기통을 만들려면 어떻게 코딩해야 하는지 알고리즘으로 먼저 표현해 볼까요?

1 | Sonar 센서가 주변 물체와의 거리를 측정합니다.

2 | 저장한 센서 값의 평균을 계산합니다.

3 평균 센서 값이 20보다 작으면

    3-1 서보 모터를 작동시켜 쓰레기통의 뚜껑을 엽니다.

4 평균 센서 값이 20 이상이면

    4-1 서보 모터가 아무 동작을 하지 않습니다.

7.2 스마트 쓰레기통 만들기

마이크로비트와 초음파 센서, 서보 모터를 사용하여 하드웨어를 연결하고, 재활용 상자나 빨대, 두꺼운 도화지 등 주변에서 쉽게 구할 수 있는 재료로 쓰레기통을 꾸며 보겠습니다.

준비물 준비하기

다음과 같이 필요한 부품과 꾸미기 재료를 준비합니다.

마이크로비트

iot:bit 확장 보드

초음파 센서(Sonar:bit)

180도 서보 모터와 날개(한쪽 날개)

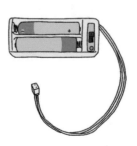

AAA 배터리 박스와 건전지 2개

삼색 점퍼선

꾸미기 재료: 두꺼운 도화지(또는 재활용 상자), A4 용지, 주름 빨대, 테이프, 자, 가위(또는 칼), 양면 테이프

하드웨어 연결하기

① iot:bit의 파란색 슬롯에 **마이크로비트**를 연결합니다.

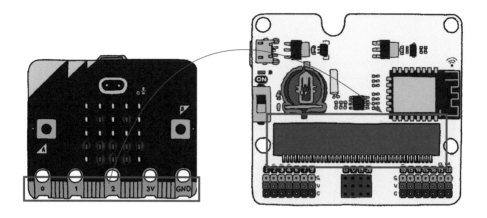

② **초음파 센서(Sonar:bit)**를 삼색 점퍼선을 사용하여 **iot:bit 1번 핀**에 연결합니다.

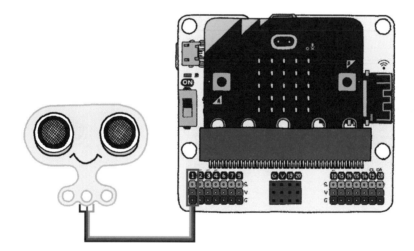

❸ 쓰레기통 뚜껑을 여닫는 데 사용할 **180도 서보 모터**를 iot:bit **2번 핀**에 연결합니다.

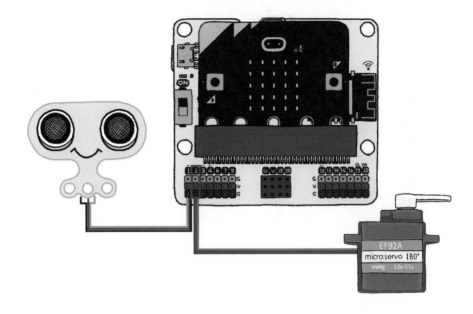

TIP
서보 모터의 점퍼선 색이 삼색 점퍼선과는 다르게 갈색, 빨간색, 주황색으로 이루어져 있습니다. 이때 갈색 핀을 iot:bit의 검정색 핀에, 주황색 핀을 노란색 핀에 연결합니다.

❹ 마이크로비트에 전원을 공급하기 위해 **AAA 배터리 박스**에 **AAA 건전지** 2개를 넣어 마이크로비트에 연결합니다.

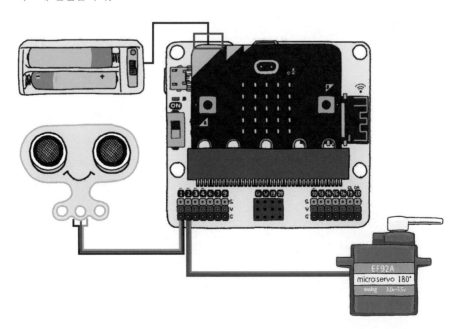

겉모습 꾸미기

1 여기서 만들 쓰레기통은 크게 세 부분으로 나눌 수 있습니다. 앞에서 연결한 하드웨어를 넣을 쓰레기통 '밑판', 쓰레기를 버릴 공간인 쓰레기통 '본체', 자동으로 열리고 닫힐 '뚜껑' 입니다. 다음과 같이 두꺼운 도화지에 전개도를 그려 쓰레기통을 만들어 보세요.

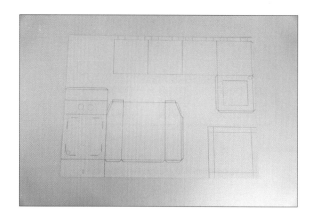

> **TIP** 전개도가 너무 복잡해 만들기 어렵다면 뚜껑을 열고 닫을 수 있는 과자 박스나 재활용 상자를 이용해도 좋습니다.

2 뚜껑을 여는 역할인 빨대가 움직일 공간을 만들기 위해 A4 용지에 빨대를 넣고 돌돌 말아 줍니다. 그리고 용지가 풀어지지 않도록 테이프를 붙여 고정해 주세요.

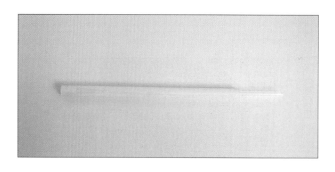

> **TIP** A4 용지를 꽉 조여서 말면 빨대가 움직이지 못하므로 약간 느슨하게 말아 주세요.

❸ 앞에서 만든 원형 기둥의 굵기만큼 쓰레기통 본체를 오려내고 빨대가 지나갈 수 있도록 원형 기둥을 끼웁니다.

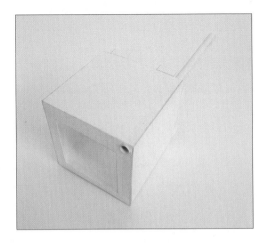

> **TIP** 본체에서 튀어나온 원형 기둥은 본체 길이에 맞게 잘라냅니다.

❹ 본체와 밑판을 붙이고 앞에서 연결한 하드웨어를 넣습니다. 빨대는 주름 부분이 밑으로 오도록 원형 기둥에 끼우고, 서보 모터의 날개를 빨대 속에 넣어 고정합니다.

> **TIP** 서보 모터의 날개는 여러 종류가 있지만, 여기서는 한쪽 날개만 달린 것을 사용합니다. 그래야 바닥에 붙인 서보 모터가 회전할 때 방해를 받지 않습니다.

⑤ 초음파 센서는 쓰레기통 밑판의 바깥쪽에 붙입니다.

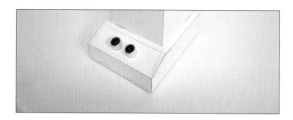

⑥ 마지막으로, 뚜껑을 본체 위에 올리고 뚜껑이 열릴 때 본체와 떨어지지 않도록 뒷부분만 테이프로 고정합니다.

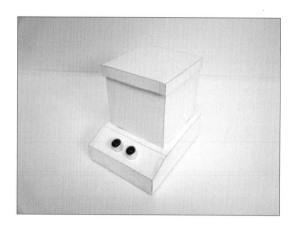

7.3 스마트 쓰레기통 코딩하기

🔵 **완성 파일** microbit-스마트쓰레기통.hex

스마트 쓰레기통이 제대로 작동하도록 코딩해 볼까요? 앞에서 만들었던 알고리즘을 떠올리면서 어떻게 코딩하면 좋을지 생각해 보세요.

코딩 시작하기

① MakeCode 편집기에서 **새 프로젝트**를 클릭하고, 프로젝트 이름을 **스마트쓰레기통**이라고 입력한 뒤 **생성**을 클릭합니다.

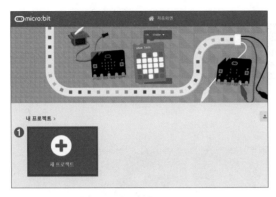

• **MakeCode 편집기 바로가기** https://makecode.microbit.org/

② 초음파 센서인 Sonar:bit를 사용하기 위해 **고급** 꾸러미와 **확장** 꾸러미를 차례로 클릭한 뒤, 검색창에 **sonar**를 입력하고 **sonar**를 선택합니다.

③ 서보 모터를 사용하기 위해 다시 한번 **고급** 꾸러미와 **확장** 꾸러미를 차례로 클릭한 뒤, 검색 창에 **servo**를 입력하고 **servo**를 선택합니다.

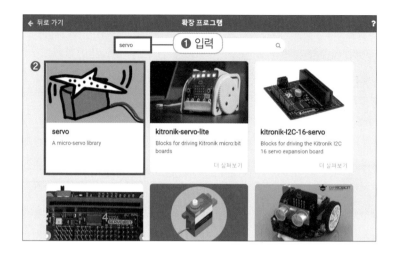

변수 만들기와 초기화하기

① 초음파 센서가 측정한 센서 값을 저장할 변수를 만들겠습니다. **변수** 꾸러미에서 **변수 만들기** 버튼을 클릭한 뒤, **새 변수 이름** 창에 **sonar**라고 입력하고 **확인**을 클릭합니다.

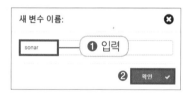

※ 이 장에서 사용하는 변수

변수 이름	설명
sonar	초음파 센서인 Sonar:bit가 측정한 센서 값을 저장하는 변수

> **TIP**
> 여기서는 변수 이름을 sonar로 정했지만 여러분이 원하는 이름으로 정해도 좋습니다. 다만, 여기서 사용하는 변수의 의미가 초음파가 측정한 센서 값을 저장하는 것이므로 이러한 의미가 드러나는 이름으로 정하는 것이 좋습니다.

② sonar 변수를 초기화하기 위해 **변수** 꾸러미에서 `sonar에 0 저장` 블록을 가져와 `무한반복 실행` 블록 안쪽에 연결합니다.

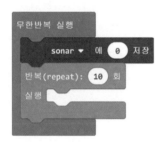

알고리즘에 따라 코딩하기

① 오차를 줄이기 위해 초음파 센서가 측정한 센서 값을 10번 측정하여 평균을 계산하도록 하겠습니다. **반복** 꾸러미에서 `반복(repeat): 4회 실행` 블록을 가져와 다음과 같이 연결하고, '4'를 **10**으로 바꿉니다.

② **변수** 꾸러미에서 `sonar 값 1 증가` 블록을 가져와 `반복(repeat): 10회 실행` 블록 안쪽에 연결합니다.

TIP `sonar에 0 저장` 블록이 아니라 `sonar 값 1 증가` 블록을 사용하는 이유는 센서 값을 측정할 때마다 그 값을 증가시켜야(더해야) 10번 반복해서 측정했을 때 10번의 센서 값이 모두 더해진 값을 얻을 수 있습니다. 그리고 이 값을 평균값을 구하는 데 사용합니다.

❸ **Sonar** 꾸러미에서 `ping trig P0 / echo P0 / unit μs` 블록을 가져와 다음과 같이 '1' 부분에 끼웁니다. 그리고 'P0'를 모두 **P1**으로 바꾸고, 단위(unit)는 **cm**로 바꿉니다.

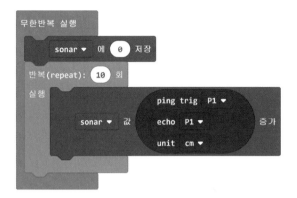

❹ 측정한 센서 값의 평균을 계산하고, 계산한 평균값이 기준 값보다 작으면 서보 모터가 회전하도록 코딩해 보겠습니다. 먼저, **논리** 꾸러미에서 `만약(if) 참(true)이면(then) 실행 / 아니면 (else) 실행` 블록을 가져와 연결하고, 다시 **논리** 꾸러미에서 `0 < 0` 블록을 가져와 '참(true)' 부분에 끼웁니다.

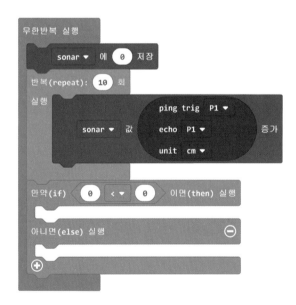

⑤ **계산** 꾸러미에서 `0 나누기 0` 블록을 가져와 부등호 왼쪽 '0' 부분에 끼우고, 첫 번째 '0'에는 **변수** 꾸러미의 `sonar` 블록을 끼우고, 두 번째 '0'에는 **10**을, 부등호 오른쪽 '0'에는 **20**을 입력합니다.

> **TIP**
> sonar 변수에는 초음파 센서가 측정한 10번의 센서 값이 모두 더해져 있습니다. 이를 10으로 나누면 평균값이 구해지겠지요? 그리고 부등호 오른쪽에 있는 '20'은 임의로 정한 값입니다. 쓰레기통과 사람 사이의 거리가 20cm보다 작으면 서보 모터가 작동하고, 20cm보다 크면 서보 모터가 작동하지 않습니다.

⑥ 평균값이 20보다 작으면 서보 모터의 각도를 90으로 설정하여 쓰레기통 뚜껑이 열리도록 **서보** 꾸러미에서 `servo P0 서보의 각도를 90(°)로 설정` 블록을 가져와 연결하고, 'P0'를 P2로 바꿉니다.

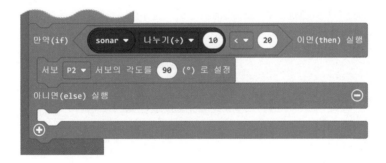

⑦ 서보 모터가 작동하여 쓰레기통 뚜껑이 열렸다면 열린 상태를 1초 동안 유지하기 위해 **기본** 꾸러미에서 **일시중지 100 (ms)** 블록을 가져와 연결하고, '100'을 **1000**으로 바꿉니다.

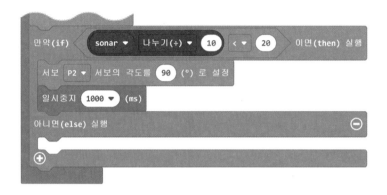

⑧ 센서 평균값이 20보다 크면 서보 모터의 각도를 0으로 설정하도록 **서보** 꾸러미에서 **servo P0 서보의 각도를 (90)(°)로 설정** 블록을 가져와 **아니면(else) 실행** 아래에 연결합니다. 그리고 'P0'를 **P2**로 바꾸고 '90'을 **0**으로 바꿉니다.

9 **기본** 꾸러미에서 일시중지 100(ms) 블록을 가져와 다음과 같이 연결합니다.

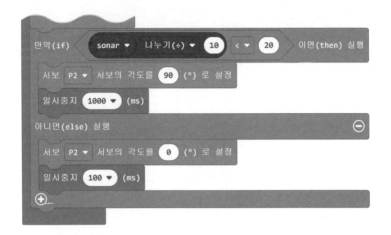

코드 업로드하기

1 완성한 코드를 마이크로비트에 업로드하여 프로젝트를 실행하겠습니다. 먼저, 편집기 하단의 **다운로드** 버튼을 클릭하여 완성한 코드를 내려받습니다.

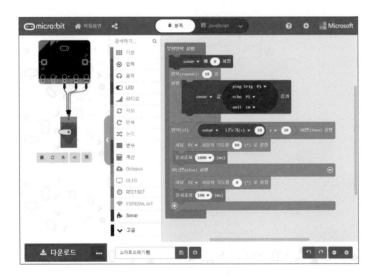

❷ 마이크로5핀 USB 케이블을 사용하여 마이크로비트와 PC를 연결하면 MICROBIT 드라이브 창이 열립니다.

❸ 앞에서 내려받은 hex 파일을 마우스 오른쪽 버튼을 클릭하여 복사하고, MICROBIT 드라이브에 붙여 넣습니다.

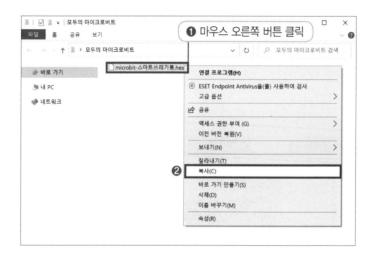

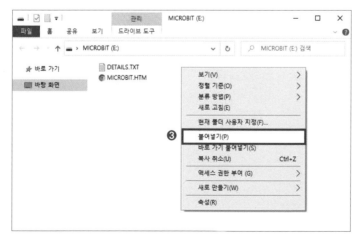

이제 스마트 쓰레기통을 사용할 준비를 마쳤습니다. 여러분이 만든 쓰레기통이 잘 작동하는지 확인해 보세요.

✔ 체크리스트

☐ 쓰레기통에 가까이(20cm 미만) 다가가면 서보 보터가 90으로 회전하여 쓰레기통 뚜껑이 열리나요?

☐ 쓰레기통에서 멀어지면(20cm 이상) 서보 모터가 0으로 회전하여 뚜껑이 닫히나요?

⁇ 왜 안 될까요?

프로젝트가 제대로 실행되지 않는다면 다음과 같은 사항을 확인해 보세요.

1. 쓰레기통의 뚜껑이 잘 열리지 않으면 서보 모터와 빨대가 잘 연결되어 있는지 확인해 보세요. 서보 모터가 90도 회전했을 때 날개가 위를 향해 움직이도록 연결해야 합니다.

2. 그래도 뚜껑이 열리지 않으면 뚜껑을 떼어낸 채로 테스트해 보세요. 뚜껑이 너무 무거우면 열리지 않을 수 있어요.

8장

아침을 깨우는
알람 만들기

여러분은 아침에 누가 깨워 주나요? 누가 깨우지 않아도 잘 일어나나요? 이번 장에서는 아침잠을 깨워 줄 알람을 만들어 보기로 합니다. 해가 떠 주변이 밝아지면 경쾌한 음악 소리가 나면서 조명이 꺼지고, 밤이 되어 어두워지면 음악 소리를 멈추고 조명을 켜 주는 알람이 있다면 못 일어날 걱정 없이 편하게 잠들 수 있겠죠? 마이크로비트와 빛 센서, 부저를 사용하면 아침을 깨우는 알람을 만들 수 있습니다.

이번 절에서는 빛의 밝기를 측정하는 빛 센서에 대해 알아보고, 주변이 밝아지면 알람을 울리면서 조명을 끄고, 반대로 주변이 어두워지면 알람을 끄고 조명을 켜는 스마트 알람의 알고리즘을 만들어 보겠습니다.

빛 센서 알아보기

빛 센서(light sensor)는 주변의 밝기(밝고 어두운 정도)를 측정하는 센서입니다. 마이크로비트에는 이러한 빛 센서가 내장되어 있는데요. 마이크로비트 앞면에 보이는 25개의 LED로 밝기를 측정한답니다. 빛 센서 값은 0부터 255까지의 숫자로 나타나는데, 빛이 없는 가장 어두울 때가 0, 가장 밝을 때가 255로 나타납니다.

MakeCode 편집기에서 **빛센서 값** 블록을 사용하면 마이크로비트 왼쪽 상단에 원이 하나 나타나는데요. 이때 노란색이 빛의 양을 의미합니다. 다음 그림처럼 노란색이 반 정도 채워지면 센서 값이 0과 255의 중간인 128이라고 표시됩니다.

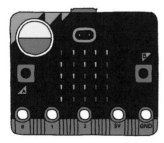

그림 8-1 | 마이크로비트의 빛 센서 값 표시

알람 알고리즘

아침을 깨우는 알람을 만들려면 어떻게 코딩해야 하는지 알고리즘으로 먼저 표현해 볼까요?

1 | 주변이 밝아지면

    1-1 | 알람이 울리고

    1-2 | 조명(LED)을 끕니다.

    1-3 | 주변이 밝아졌음을 아이콘으로 표시합니다.

    1-4 | A 버튼을 누르면 알람을 끕니다.

2 | 주변이 어두우면

    2-1 | 조명(LED)을 켜고

    2-2 | 주변이 어두워졌음을 아이콘으로 표시합니다.

3 | B 버튼을 누르면 알람을 초기화합니다

8.2   알람 만들기

마이크로비트와 RGB–LED를 사용하여 하드웨어를 완성하고, 재활용 상자와 색종이를 사용하여 알람을 예쁘게 꾸며 보겠습니다.

준비물 준비하기

다음과 같이 필요한 부품과 꾸미기 재료를 준비합니다.

마이크로비트   iot:bit 확장 보드   RGB–LED

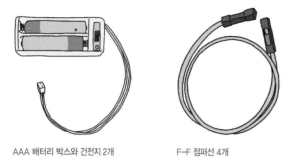

AAA 배터리 박스와 건전지 2개   F-F 점퍼선 4개

꾸미기 재료: 하드보드지(또는 재활용 상자), 우드락, 스티커 색종이, 테이프(또는 풀), 가위(또는 칼), 자, 펜

하드웨어 연결하기

① iot:bit의 파란색 슬롯에 **마이크로비트**를 연결합니다.

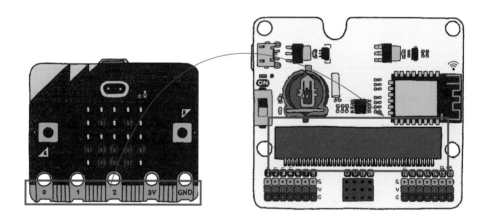

② RGB-LED를 F-F 점퍼선 4개를 사용하여 iot:bit에 연결합니다. **RGB-LED의 GND 핀**을 **iot:bit 10번 G핀**(검정색)에 연결하고, **R 핀**은 **13번 S 핀**(노랑색)에, **G 핀**은 **14번 S 핀**에, **B 핀**은 **15번 S 핀**에 연결합니다.

③ 마이크로비트에 전원을 공급하기 위해 **AAA 배터리 박스**에 **AAA 건전지** 2개를 넣어 마이크로비트에 연결합니다.

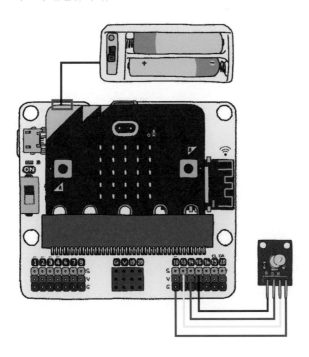

겉모습 꾸미기

1 앞에서 연결한 하드웨어가 들어갈 수 있도록 재활용 상자에 직육면체 전개도를 그려 다음과 같이 잘라냅니다.

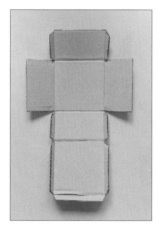 

> **TIP**
> 여기서는 재활용 상자의 한 면을 잘라 그 위에 전개도를 그려 직육면체를 만들었습니다. 직육면체 크기는 가로 8.8cm, 세로 5cm, 높이 8.8cm입니다. 여러분은 알맞은 크기의 재활용 상자를 골라 그대로 사용하거나, 재활용 상자가 없다면 두꺼운 종이를 사용하여 여러분이 원하는 모양으로 만들어도 좋습니다.

2 마이크로비트의 LED 부분을 밖에서 볼 수 있도록 박스를 오려냅니다. 마이크로비트의 A, B 버튼을 누를 수 있도록 넓게 잘라내 주세요.

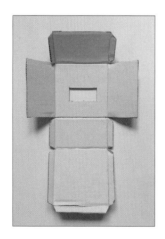

③ 적당한 크기로 자른 우드락을 사용해 앞에서 연결한 하드웨어를 상자에 고정하고 상자를
접습니다.

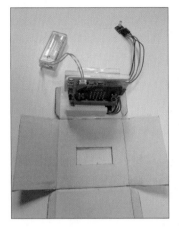 

TIP
우드락 조각을 마이크로비트 앞뒤에 붙여 마이크로비트의 버튼을 누를 때 마이크로비트가 흔들리지 않게 고정해 줍니다. RGB-LED와 건전
지는 상자 밖으로 뺄 것이므로 이를 염두에 두고 고정합니다.

④ 건전지 케이스와 RGB-LED를 상자 바깥쪽에 고정합니다.

TIP
건전지 케이스를 밖으로 빼내야 케이스에 있는 전원(on/off) 버튼을 쉽게 누를 수 있어요. 그리고 여기서는 지붕 모양을 만들어 그 안에
RGB-LED를 붙였습니다. 꼭 지붕 모양이 아니어도 좋으니 여러분만의 알람을 디자인해 보세요.

● **완성 파일** microbit-아침을깨우는알람.hex

알람이 제대로 작동하도록 코딩해 볼까요? 앞에서 만들었던 알고리즘을 떠올리면서 어떻게 코딩하면 좋을지 생각해 보세요.

코딩 시작하기

① MakeCode 편집기에서 **새 프로젝트**를 클릭하고, 프로젝트 이름을 **아침을깨우는알람**이라고 입력한 뒤 **생성**을 클릭합니다.

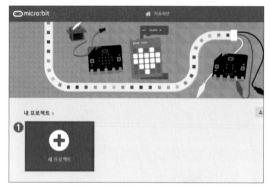

- **MakeCode 편집기 바로가기** https://makecode.microbit.org/

변수 만들기와 초기화하기

① LED 스크린을 초기화하기 위해 **기본** 꾸러미의 **더 보기**에서 `LED 스크린 지우기` 블록을 가져와 `시작하면 실행` 블록 안쪽에 연결합니다.

② **변수** 꾸러미에서 **변수 만들기**를 클릭하고 우리가 사용할 변수인 **기준값**, **LED꺼짐**, **음악정지**를 각각 입력한 뒤 **확인** 버튼을 클릭합니다.

※ 이 장에서 사용하는 변수

변수 이름	설명
기준값	마이크로비트 빛 센서의 빛 밝기(0부터 255까지) 중 어느 밝기가 되면 알람을 울릴지 정하기 위해 필요한 변수
LED꺼짐	RGB-LED가 켜졌는지(ON) 꺼졌는지(OFF) 알려 주는 변수
음악정지	알람음이 멈췄는지 알려 주는 변수

③ 각 변수의 초깃값을 지정하기 위해 **변수** 꾸러미에서 `음악정지에 0 저장` 블록을 3개 가져와 다음과 같이 각 변수로 바꾸고 해당 변수에 맞는 초깃값으로 저장합니다.

※ 각 변수들의 초깃값

변수 이름	초깃값	설명
기준값	100	기준값을 100으로 저장하여 빛 크기가 100보다 작으면 어두움, 100보다 크면 밝음으로 판단합니다.
LED꺼짐	0	RGB–LED가 꺼졌을 때 값인 0으로 저장합니다(켜졌을 때 값은 1).
음악정지	0	'음악정지'는 알람이 울릴 때 그 소리를 수동으로 멈추기 위해 사용합니다. 버튼을 누르기 전까지는 그 값이 0이 됩니다.

잠깐만요

이런 경우에는 어떻게 코딩하나요?

1) 구형 마이크로비트를 사용할 경우

구형 마이크로비트에는 소리를 내는 기능이 없으므로 별도의 부저를 연결해 주어야 합니다. iot:bit의 6번 핀에 부저를 연결하고, 핀 꾸러미의 핀 P6(출력전용)을 소리 출력으로 설정 블록을 ❸의 블록에 추가합니다.

시작하면 실행
LED 스크린 지우기
기준값 ▼ 에 100 저장
LED꺼짐 ▼ 에 0 저장
음악정지 ▼ 에 0 저장
핀 P6 (출력 전용) ▼ 을 소리 출력으로 설정

2) 신형 마이크로비트에 구형 iot:bit나 부저가 있는 다른 확장 보드를 사용할 경우

신형 마이크로비트에는 부저가 내장되어 있으므로 부저가 달린 확장 보드를 사용하면 부저가 두 개가 되므로 오류가 생길 수 있습니다. 이런 경우에는 ❸의 블록에 내장 스피커 끄기 블록을 추가하면 됩니다.

시작하면 실행
LED 스크린 지우기
기준값 ▼ 에 100 저장
LED꺼짐 ▼ 에 0 저장
음악정지 ▼ 에 0 저장
내장 스피커 끄기 설정

알고리즘에 따라 코딩하기

① 빛 센서가 측정한 빛의 밝기(빛센서 값)가 우리가 임의로 정한 기준값(기준값)보다 높으면 아침이 된 것으로 간주하여 알람이 울리도록 코딩하겠습니다. **논리** 꾸러미에서 `만약(if) 참(true)이면(then) 실행 / 아니면(else) 실행` 블록을 가져와 `무한반복 실행` 블록 안쪽에 연결합니다.

② 빛센서 값과 기준값을 비교하기 위해 **논리** 꾸러미에서 `0 < 0` 블록을 가져와 '참(true)' 부분에 끼웁니다. 그리고 **입력** 꾸러미의 `빛센서 값` 블록과 **변수** 꾸러미의 `기준값` 블록을 가져와 다음과 같이 논리식을 만듭니다.

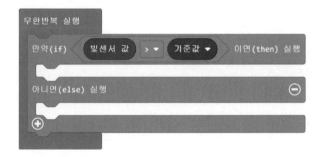

> **TIP**
> 논리식의 부등호 방향에 주의하세요.

③ 빛센서 값이 기준값보다 크면 알람이 울리도록 **음악** 꾸러미의 다다둠 멜로디 한 번 출력 블록
을 가져와 '다다둠'을 **전주곡**으로 바꿉니다.

④ 아침이 밝았으니 조명이 꺼지도록 **고급** 꾸러미와 **핀** 꾸러미를 차례로 클릭하여 P0에 아날로
그 값 1023 출력 블록을 가져와 다음과 같이 연결합니다. 그리고 'P0'를 **P13 (출력 전용)**으로
바꾸고, '1023'을 **0**으로 바꿉니다.

⑤ RGB-LED의 G와 B 핀도 꺼지도록 P13 (출력 전용) 아날로그 값 0 출력 블록을 두 번 복사하여 다음과 같이 연결하고, 'P13 (출력 전용)'을 각각 **P14 (출력 전용)**과 **P15 (출력 전용)**으로 바꿉니다.

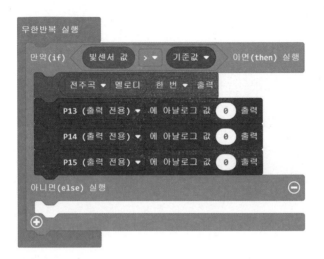

> **TIP** iot:bit 확장 보드 13, 14, 15번 핀에 연결된 RGB-LED의 R, G, B 핀에 0을 출력해 LED를 끄는 코드입니다.

⑥ 마이크로비트의 LED에 주변이 밝아졌음을 나타내는 아이콘을 출력하기 위해 **기본** 꾸러미에서 아이콘 출력 블록을 가져와 **다이아몬드** 아이콘을 선택합니다.

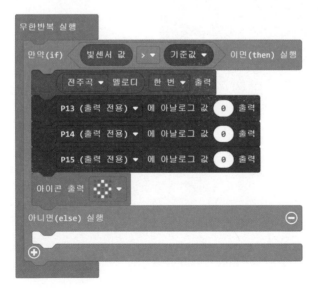

⑦ 빛센서 값이 기준값보다 작으면 밤이 된 것으로 간주하여 조명이 켜지도록 코딩하겠습니다. 먼저 조명이 켜져 있지 않은지 확인하기 위해 **논리** 꾸러미에서 만약(if) 참(true) 이면(then) 실행 블록을 가져와 '참(true)' 부분에 **논리** 꾸러미에 있는 반대로(not) 블록을 끼웁니다. 그리고 **변수** 꾸러미에서 LED꺼짐 블록을 가져와 반대로(not) 블록 안의 빈 칸에 끼웁니다.

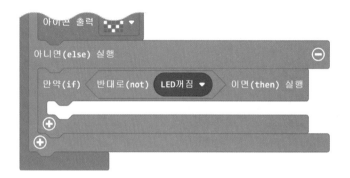

⑧ 조명을 켜기 위해 **고급** 꾸러미와 **핀** 꾸러미를 차례로 클릭하여 P0에 아날로그 값 1023 출력 블록을 세 개 가져와 다음과 같이 연결하고, 'P0'를 각각 **P13 (출력 전용)**, **P14 (출력 전용)**, **P15(출력 전용)**으로 바꿉니다.

TIP R, G, B 핀에 각각 아날로그 값을 1023으로 출력하면 가장 밝은 세기로 LED가 켜집니다.

⑨ 밤에는 알람 소리가 나지 않도록 **음악** 꾸러미에서 `모든 중지` 블록을 가져와 다음과 같이 연결합니다.

⑩ 앞에서와 마찬가지로 어두워짐을 나타내는 아이콘을 출력하기 위해 **기본** 꾸러미에서 `아이콘 출력` 블록을 가져와 `만약(if) 반대로(not) LED꺼짐 이면(then) 실행` 블록 아래에 연결합니다. 그리고 '하트' 모양을 **작은 다이아몬드** 모양으로 바꿉니다.

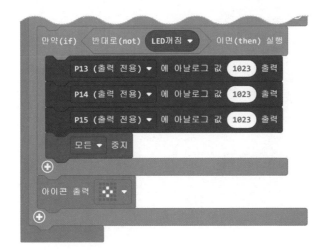

⑪ 아침이 되어 알람이 울릴 때 A 버튼을 누르면 알람을 끌 수 있도록 코딩해 보겠습니다. **입력** 꾸러미에서 `A 누르면 실행` 블록을 가져오고, **음악** 꾸러미에서 `모든 중지` 블록을 가져와 다음과 같이 연결합니다.

⑫ 알람을 껐으므로 **변수** 꾸러미에서 음악정지에 0 저장 블록을 가져와 '0'을 1로 바꿉니다.

⑬ 10단계의 무한 반복 블록에서는 빛센서 값이 기준값보다 높으면 소리가 계속 나게 됩니다. 이를 방지하기 위해 블록을 수정해 보겠습니다. **논리** 꾸러미에서 만약(if) 참(true)이면(then) 실행 블록을 가져와 만약(if) 빛센서 값 > 기준값 이면(then) 실행 블록 바로 아래에 연결합니다.

⑭ **논리** 꾸러미의 반대로(not) 블록을 가져와 '참(True)' 부분에 끼우고 빈칸에는 **변수** 꾸러미의
음악정지 블록을 가져와 끼웁니다.

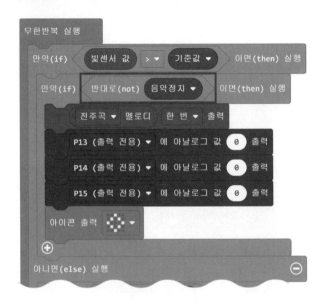

⑮ 이 논리 블록이 전주곡 멜로디 한 번 출력 블록에만 영향을 주도록 P13 (출력전용)에 아날로그 값
0 출력 블록을 드래그하여 만약(if) 반대로(not) 음악정지 이면(then) 실행 블록 바로 아래에 연
결합니다.

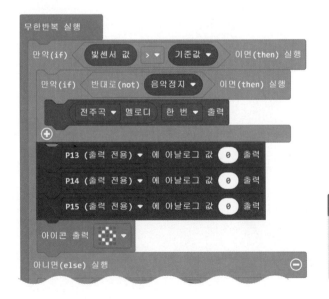

> **TIP**
> 이렇게 하면 음악정지 변숫값이 1일 때
> 는 만약(if)의 조건문 값이 0이 되어 멜
> 로디 출력을 하지 않아 알람이 울리지
> 않습니다. 반대로 음악정지 변숫값이 0
> 이면 알람이 울립니다.

코드 업로드하기

1 완성한 코드를 마이크로비트에 업로드하여 프로젝트를 실행하겠습니다. 먼저, 편집기 하단의 **다운로드** 버튼을 클릭하여 완성한 코드를 내려받습니다.

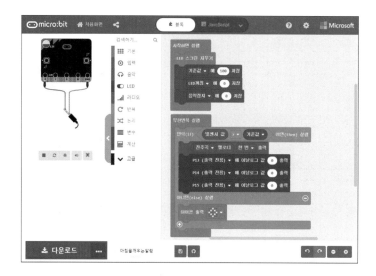

2 마이크로 5핀 USB 케이블을 사용하여 마이크로비트와 PC를 연결하면 MICROBIT 드라이브 창이 열립니다.

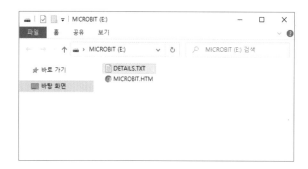

❸ 앞에서 내려받은 hex 파일을 마우스 오른쪽 버튼을 클릭하여 복사하고, MICROBIT 드라이브에 붙여 넣습니다.

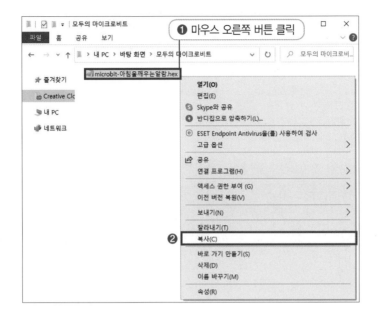

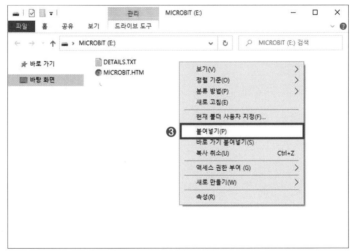

이제 아침을 깨우는 알람을 사용할 준비를 모두 마쳤습니다. 방의 불을 끄고 여러분이 만든 알람을 테스트해 보세요.

왜 안 될까요?

프로젝트가 제대로 실행되지 않는다면 다음과 같은 사항을 확인해 보세요.

1. RGB-LED의 핀들이 알맞은 자리에 연결되어 있는지 확인해 보세요. 특히 R, G, B에 연결한 핀 번호와 코딩에 사용한 핀 번호가 똑같은지 확인해 보세요.

2. 빛 센서 값과 기준값을 비교하는 부등호가 '〉' 모양인지 확인해 보세요. 부등호 방향이 바뀌면 작품이 제대로 작동하지 않아요.

9장

소음을
음악으로 바꾸는
비트박스

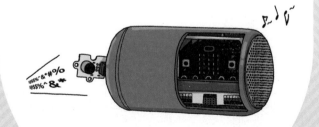

우리는 언제 어디서나 수많은 소리에 노출됩니다. 다양한 소리 중에는 즐거운 음악도 있지만, 귀를 막고 싶을 정도로 시끄러운 소리도 있지요. 만약 듣기 싫은 소음을 즐거운 음악으로 바꿀 수 있다면 어떨까요? 마이크로비트와 노이즈 센서를 사용하면 소음을 즐거운 음악으로 바꾸는 비트박스를 만들 수 있습니다.

이번 절에서는 비트박스 프로젝트를 코딩하는 데 필요한 개념인 배열에 대해 알아보고, 소음의 높낮이에 따라 각각 다른 음계를 재생하는 비트박스 알고리즘을 만들어 보겠습니다.

배열 알아보기

3장 소음 측정기 프로젝트를 기억하나요? 3장에서 우리는 노이즈 센서가 측정한 소음의 데시벨 값을 noise 변수에 저장했습니다. 이번에는 노이즈 센서가 측정한 소음의 데시벨 값을 구간에 따라 음계로 저장하여 하나의 비트박스를 만들려고 해요. 즉, 데시벨 구간에 따라 음계를 각각 저장해야 하므로 변수가 여러 개 필요하답니다. 이럴 때는 배열이라는 개념을 사용하여 코딩할 수 있습니다.

배열이란 동일한 성질을 가진 여러 개의 데이터가 모여 있는 저장 공간입니다. 데이터를 저장한다는 의미는 변수와 비슷하죠? 예를 들어, 소음이 1~20dB이면 음계 '도'를 출력하고, 21~40dB이면 '레', 41~60dB이면 '미', 61~80dB이면 '파', 81~100dB이면 '솔'을 출력하기로 해보겠습니다. 노이즈 센서가 측정한 데시벨 값이 50, 90, 15, 30, 99라면 배열에는 다음과 같이 음계가 저장됩니다.

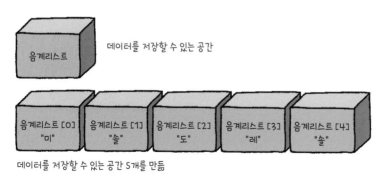

그림 8-1 | 배열의 의미

이 배열의 이름은 '음계리스트'이고, 첫 번째 저장 공간부터 순서대로 음계가 저장됩니다(그림에서 알 수 있듯이 배열의 저장 공간은 [0]부터 시작됩니다). 이렇게 배열은 같은 성질(음계)을 가졌지만 각각의 값(미, 솔, 도, 레, 솔)을 가진 집합이라고 할 수 있습니다.

TIP 마이크로비트에서는 배열을 '리스트'라는 명칭으로 사용하고 있습니다. 편집기에서 고급 꾸러미와 배열 꾸러미를 차례로 눌러 보세요. 리스트가 들어가는 블록이 많이 보이죠?

비트박스 알고리즘

소음을 음악으로 바꾸는 비트박스를 만들려면 어떻게 코딩해야 하는지 알고리즘으로 먼저 표현해 볼까요?

1 │ A 버튼을 누르면 소음을 측정합니다.

2 │ 측정한 소음을 단계별로 구분하여 각기 다른 음계를 출력합니다.

    2-1 │ 90보다 크면 '높은도'를 출력합니다.

    2-2 │ 85보다 크면 '시'를 출력합니다.

    2-3 │ 80보다 크면 '라'를 출력합니다.

    2-4 │ 75보다 크면 '솔'을 출력합니다.

    2-5 │ 70보다 크면 '파'를 출력합니다.

    2-6 │ 65보다 크면 '미'를 출력합니다.

    2-7 │ 60보다 크면 '레'를 출력합니다.

    2-8 │ 모두 아니면 '도'를 출력합니다.

3 │ B 버튼을 누르면 지금까지 출력된 음계를 하나로 합쳐 재생합니다.

4 │ A와 B 버튼을 동시에 누르면 저장된 모든 음계를 삭제합니다.

마이크로비트와 노이즈 센서를 사용하여 하드웨어를 연결하고, 주변에서 쉽게 구할 수 있는 도구로 비트박스를 꾸며 보겠습니다.

준비물 준비하기

다음과 같이 필요한 부품과 꾸미기 재료를 준비합니다.

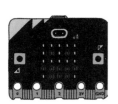

마이크로비트

iot:bit 확장 보드

노이즈센서

보조 배터리

마이크로 5핀 케이블 2개

삼색 점퍼선

꾸미기 재료: 재활용 플라스틱 컵과 뚜껑, 칼, 가위, 사인펜, 테이프

하드웨어 연결하기

① iot:bit의 파란색 슬롯에 **마이크로비트**를 연결합니다.

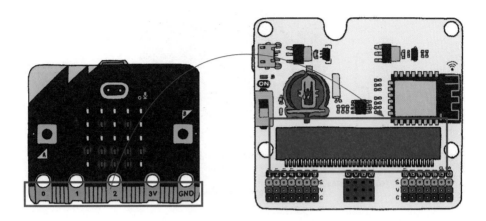

② **노이즈 센서**를 삼색 점퍼선을 사용하여 iot:bit **1번 핀**에 연결합니다.

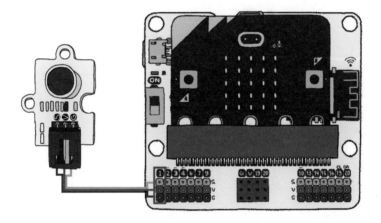

③ 마이크로 5핀 케이블을 사용하여 **보조 배터리**를 iot:bit와 **마이크로비트**에 각각 연결합니다.

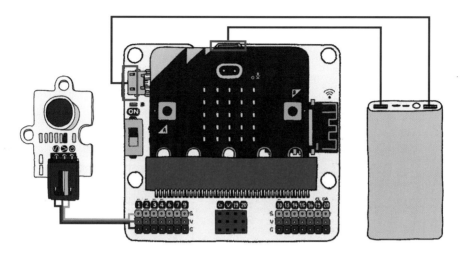

겉모습 꾸미기

① 재활용 플라스틱 컵으로 비트박스의 외형을 만들겠습니다. 플라스틱 컵과 뚜껑을 준비하여 다음과 같이 세 군데를 칼로 잘라냅니다.

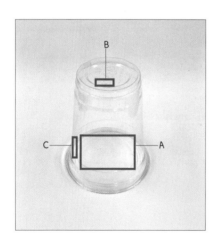

> **TIP**
> A는 마이크로비트의 앞면이 보이는 부분이므로 버튼을 잘 누르려면 마이크로비트 크기보다 조금 더 크게 잘라내야 합니다. B는 노이즈 센서를 밖으로 빼내는 부분이고, C는 보조 배터리의 케이블을 연결할 부분입니다. 컵을 칼로 잘라낼 때는 손이 다치지 않도록 각별히 주의하여야 합니다.

❷ 이번에는 연결한 하드웨어를 컵 안에 세워 고정할 수 있도록 뚜껑을 칼로 뚫습니다.

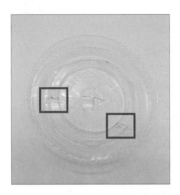

TIP 이 홈 안에 iot:bit 아랫부분을 끼워 넣을 거예요. 칼을 사용하지 않고 테이프로 하드웨어를 고정해도 되지만, 버튼을 누를 때 떨어지지 않도록 잘 고정해야 합니다. 그리고 여기서는 플라스틱 컵을 사용했지만, 다른 프로젝트처럼 종이박스를 이용해서 꾸미는 것도 좋습니다.

❸ 앞에서 연결한 하드웨어를 컵에 넣고, 잘라낸 부분에 부품들을 끼워 테이프로 고정합니다.

9.3 비트박스 코딩하기

● 완성 파일 microbit-비트박스.hex

앞에서 만든 비트박스가 제대로 동작하도록 코딩할 차례입니다. 앞에서 만들었던 알고리즘을 떠올리면서 어떻게 코딩하면 좋을지 생각해 보세요.

코딩 시작하기

❶ MakeCode 편집기에서 **새 프로젝트**를 클릭하고, 프로젝트 이름을 **비트박스**라고 입력한 뒤 **생성**을 클릭합니다.

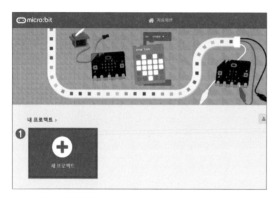

• **MakeCode 편집기 바로가기** https://makecode.microbit.org/

❷ 노이즈 센서를 사용하기 위해 **고급** 꾸러미와 **확장** 꾸러미를 차례로 클릭한 뒤, 검색창에 iot를 입력하고 iot-environment-kit를 선택합니다.

변수 만들기와 초기화하기

① **변수** 꾸러미에서 **변수 만들기**를 클릭하고 우리가 사용할 변수인 **B버튼누름**, **리스트**, **출력번호**, **음계저장번호**를 각각 입력한 뒤 **확인** 버튼을 클릭합니다.

※ 이 장에서 사용하는 변수

변수 이름	설명
B버튼누름	버튼 B를 눌렀음을 알기 위한 변수
리스트	음계가 저장될 배열
출력번호	음계를 출력할 때 사용할 변수
음계저장번호	음계가 배열의 자리에 저장되게 하는 변수

② 마이크로비트가 시작됨을 알리기 위해 **기본** 꾸러미에서 아이콘 출력 블록을 가져와 시작하면 실행 블록 안쪽에 연결합니다. 그리고 '하트' 모양을 **행복함** 모양으로 바꿉니다.

③ 음계저장번호 변수를 초기화하기 위해 **변수** 꾸러미에서 음계저장번호에 0 저장 블록을 가져와 다음과 같이 연결합니다.

④ 리스트 변수를 초기화하기 위해 **변수** 꾸러미에서 음계저장번호에 0 저장 블록을 가져와 연결하고, 다음과 같이 '음계저장변수'를 **리스트**로 바꿉니다.

⑤ **고급** 꾸러미를 열고 **배열** 꾸러미에서 빈 배열 블록을 가져와 리스트에 0 저장 블록의 '0' 부분에 끼웁니다.

> **TIP**
> 리스트 변수는 배열로 사용하므로 '0'으로 초기화하지 않고 '빈 배열'로 초기화합니다.

이런 경우에는 어떻게 코딩하나요?

1) 구형 마이크로비트를 사용할 경우

구형 마이크로비트에는 소리를 내는 기능이 없으므로 별도의 부저를 연결해 주어야 합니다. iot:bit의 6번 핀에 부저를 연결하고, 핀 꾸러미의 `핀 P6(출력전용)을 소리 출력으로 설정` 블록을 ❺의 블록에 추가합니다.

```
시작하면 실행

아이콘 출력 ⬛

    음계저장번호 ▼ 에 0 저장

    리스트 ▼ 에 빈 배열 ⊕ 저장

    핀 P6 (출력 전용) ▼ 을 소리 출력으로 설정
```

2) 신형 마이크로비트에 구형 iot:bit나 부저가 있는 다른 확장 보드를 사용할 경우

신형 마이크로비트에는 부저가 내장되어 있으므로 부저가 달린 확장 보드를 사용하면 부저가 두 개가 되므로 오류가 생길 수 있습니다. 이런 경우에는 ❺의 블록에 `내장 스피커 끄기` 블록을 추가하면 됩니다.

```
시작하면 실행

아이콘 출력 ⬛

    음계저장번호 ▼ 에 0 저장

    리스트 ▼ 에 빈 배열 ⊕ 저장

    내장 스피커 끄기 설정
```

알고리즘에 따라 코딩하기

❶ A 버튼을 눌렀을 때 하트 모양을 출력하도록 **입력** 꾸러미의 `A 누르면 실행` 블록과 **기본** 꾸러미의 `아이콘 출력` 블록을 가져와 연결합니다.

② A 버튼을 눌렀을 때만 반복문 안의 내용을 실행하도록 코딩하기 위해 **반복** 꾸러미에서 반복(while) 참(true)인 동안 실행 블록을 가져와 다음과 같이 연결합니다.

③ **논리** 꾸러미에서 0 = 0 블록을 가져와 '참(true)' 부분에 끼웁니다. 그리고 **변수** 꾸러미에서 B버튼누름 블록을 가져와 첫 번째 '0'에 끼우고, **논리** 꾸러미에서 거짓(false) 블록을 가져와 두 번째 '0'에 끼웁니다.

> **TIP**
> 이렇게 코딩하면 A 버튼은 누르고 B 버튼은 누르지 않았을 때 반복(while) 참(true)인 동안 실행 블록 안에 있는 코드가 실행됩니다.

④ 노이즈 센서가 측정한 소음의 데시벨 값을 높낮이에 따라 음계로 나누어 저장하는 블록을 만들겠습니다. 그 전에 **기본** 꾸러미에서 아이콘 출력 블록을 가져와 다음과 같이 연결하고 '하트' 모양을 **다이아몬드** 모양으로 바꿉니다.

> **TIP**
> 시작하면 실행 블록 다음에 아이콘 출력 블록을 넣어 마이크로비트가 시작됨을 확인했던 것처럼 여기서도 반복문이 실행됨을 확인하기 위해 아이콘 출력 블록을 연결합니다.

⑤ **논리** 꾸러미에서 `만약(if) 참(true)이면(then) 실행 아니면(else) 실행` 블록을 가져와 연결하고, 다시 한번 **논리** 꾸러미에서 `0<0` 블록을 가져와 '참(true)' 부분에 끼웁니다.

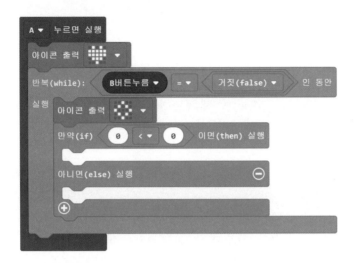

⑥ 노이즈 센서의 값이 90보다 크면 음계 '높은 도'를 출력하도록 코딩해 보겠습니다. **Octopus** 꾸러미에서 `value of noise(dB) at pin P1` 블록을 가져와 첫 번째 '0' 부분에 끼우고, 부등호 모양을 〉으로 바꾸고, 두 번째 '0'을 **90**으로 바꿉니다.

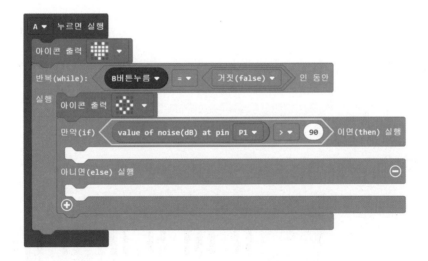

TIP `value of noise(dB) at pin P1` 블록은 노이즈 센서가 측정한 소음을 데시벨(dB)로 바꾸어 줍니다.

⑦ 측정한 데시벨 값을 리스트 변수에 음계로 저장하기 위해 **배열** 꾸러미에서 `리스트에서 0번째 위치의 값을 ()로 변경` 블록을 가져와 연결하고, **변수** 꾸러미에서 `음계저장번호` 변수를 가져와 '0' 부분에 끼웁니다.

⑧ **음악** 꾸러미에서 `도` 블록을 가져와 빈칸에 끼운 다음, 마우스로 클릭하여 나오는 건반 그림에서 **높은 도**를 선택합니다.

⑨ 음계를 저장할 때마다 소리로 출력하도록 **음악** 꾸러미에서 `도 1박자 출력` 블록을 가져와 다음과 같이 연결하고, '도'를 클릭하여 **높은 도**로 고치고 '1' 박자를 **1/2** 박자로 바꿉니다.

```
A ▼ 누르면 실행
  아이콘 출력 ▦ ▼
  반복(while):  B버튼누름 ▼  = ▼  거짓(false) ▼  인 동안
  실행
    아이콘 출력 ◈ ▼
    만약(if)  value of noise(dB) at pin P1 ▼  > ▼  90  이면(then) 실행
      리스트 ▼ 에서 음계저장번호 ▼ 번째 위치의 값을 높은 도 로 변경
      높은 도 1/2 ▼ 박자 출력
    아니면(else) 실행                            ⊖
    ⊕
```

> **TIP**
> 데시벨 높낮이에 따른 음계와 박자는 여러분이 원하는 대로 정해도 좋습니다.

⑩ 다음 음계를 다음 번째 리스트에 저장하기 위해 **변수** 꾸러미에서 음계저장번호 값 1 증가 블록을 가져와 다음과 같이 연결합니다.

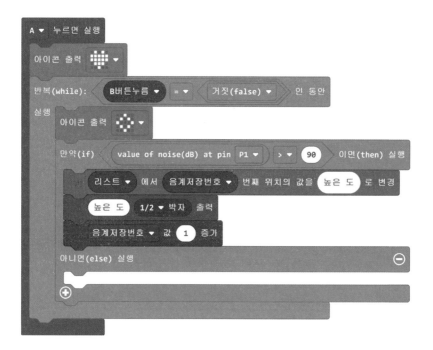

> **TIP** 음계저장번호 값 1 증가 블록은 음계저장번호 변수를 1만큼 증가시켜 다음 음계가 중복되지 않도록 순서대로 저장합니다. 예를 들어, 처음 코드를 시작하면 음계저장번호는 0이기 때문에 리스트의 0번째에 '높은 도'가 저장되고, 위에 있는 블록이 모두 실행된 후에는 음계저장번호 값이 1이 되므로 다음 음계는 리스트의 1번째 위치에 저장됩니다.

⑪ 조건식에 해당하지 않을 때는 잠시 멈추도록 **기본** 꾸러미에서 일시중지 100(ms) 블록을 가져와 아니면(else) 실행 아랫부분에 연결합니다.

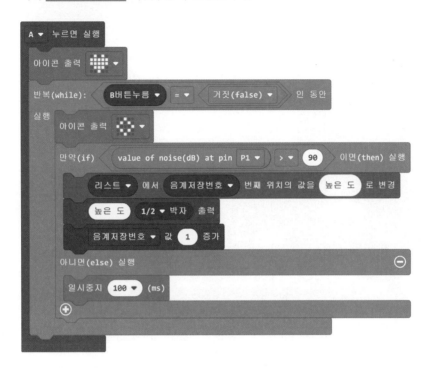

⑫ 나머지 음계를 코딩하기 위해 **만약(if) 참(true)이면(then) 실행 아니면(else) 실행** 블록의 가장 밑에 있는 [+] 아이콘을 7번 눌러 조건 블록 7개를 추가합니다.

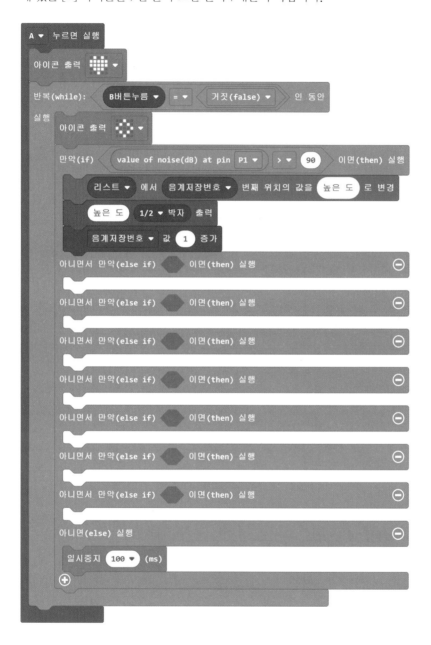

13 다음 표와 **5**~**10**단계를 참고하여 데시벨에 따른 음계를 출력하는 코드를 작성해 보세요.

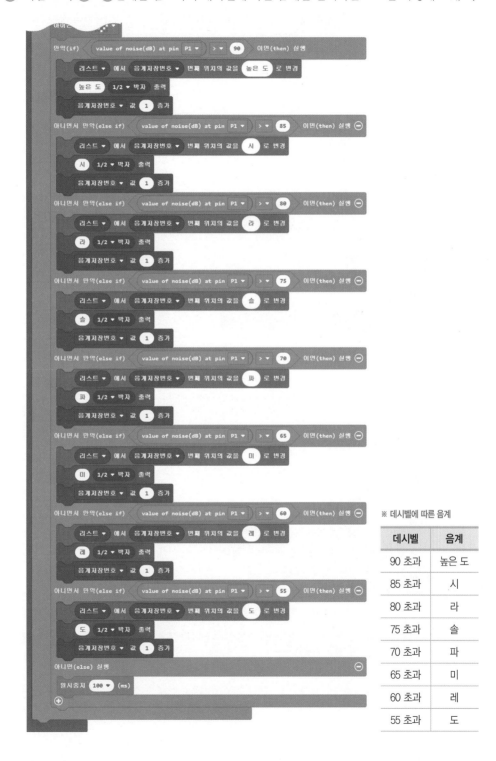

※ 데시벨에 따른 음계

데시벨	음계
90 초과	높은 도
85 초과	시
80 초과	라
75 초과	솔
70 초과	파
65 초과	미
60 초과	레
55 초과	도

⑭ B 버튼을 누르면 그동안 저장한 음계를 차례로 출력하여 하나의 음악을 만들도록 코딩해 보겠습니다. 먼저 B 버튼을 눌렀을 때 8분 음표 모양을 출력하도록 **입력** 꾸러미의 A 누르면 실행 블록과 **기본** 꾸러미의 아이콘 출력 블록을 가져와 연결한 뒤 'A'를 B로 바꾸고 '하트'를 8분 음표로 바꿉니다.

⑮ **변수** 꾸러미에서 음계저장번호에 0 저장 블록을 가져와 연결한 뒤 '음계저장번호'를 B버튼누름 으로 바꾸고, **논리** 꾸러미에서 참(true) 블록을 가져와 '0' 부분에 끼웁니다.

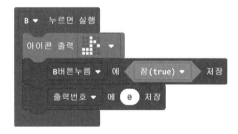

> **TIP** B버튼누름 에 참(true) 저장 블록은 우리가 B 버튼을 눌러 음계가 소리로 출력될 때 다른 코드가 실행되지 않도록 해줍니다. 이 블록이 없다면 A 누르면 실행 블록 아래에 있는 코드가 계속 실행되어 혼선이 생깁니다.

⑯ **변수** 꾸러미에서 출력번호에 0 저장 블록을 가져와 연결합니다.

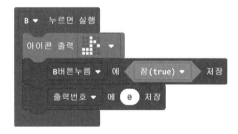

> **TIP** 출력번호에 0 저장 블록은 음계들을 배열에 저장된 순서대로 처음부터 끝까지 출력하도록 코딩하기 위해 출력번호 변수를 배열의 가장 첫 번째 저장 공간인 '0'으로 저장하는 블록입니다.

⑰ 리스트에 저장된 음계 수만큼 소리를 출력해야 하므로 **반복** 꾸러미에서 반복(repeat): 4회 실행 블록을 가져와 연결합니다. 그리고 **배열** 꾸러미에서 리스트의 길이 블록을 가져와 '4' 부분에 끼웁니다.

⑱ **음악** 꾸러미에서 도 1박자 출력 블록을 가져와 다음과 같이 블록 안쪽에 연결하고, '1' 박자를 1/2 박자로 바꿉니다.

⑲ **배열** 꾸러미에서 `리스트에서 0번째 위치의 값` 블록을 가져와 다음과 같이 '도' 부분에 끼우고, **변수** 꾸러미에서 `출력번호` 블록을 가져와 '0' 부분에 끼웁니다.

⑳ 다음 차례의 음계가 출력되도록 '출력번호' 변숫값을 바꾸기 위해 **변수** 꾸러미에서 `출력번호 값 1 증가` 블록을 가져와 다음과 같이 연결합니다.

㉑ 음계가 모두 출력되었음을 확인하기 위해 **기본** 꾸러미에서 아이콘 출력 블록을 반복문 밑에 연결하고, '하트' 모양을 **맞음** 모양으로 바꿉니다.

㉒ 이제 B 버튼에 대한 동작을 완료했으므로 다시 비트박스가 실행될 수 있도록 **변수** 꾸러미에서 B버튼누름에 0 저장 블록을 가져와 연결하고, **논리** 꾸러미에서 거짓(false) 블록을 가져와 '0' 부분에 끼웁니다.

㉓ A와 B 버튼을 동시에 누르면 지금까지 저장한 음계를 삭제하는 기능을 만들겠습니다. **입력** 꾸러미에서 A 누르면 실행 블록을 가져와 'A'를 A+B로 바꿉니다.

㉔ 지금까지 저장한 음계를 삭제하는 기능은 앞에서 만든 초기화 기능과 비슷합니다. 186쪽에서 만든 블록을 참고하여 다음과 같이 블록을 만듭니다.

> **TIP** 186쪽의 아이콘 출력 모양을 '행복함'에서 '작은 하트'로 바꾸었습니다.

㉕ 삭제가 완료되었음을 확인할 수 있도록 **기본** 꾸러미에서 아이콘 출력 블록을 하나 더 가져와 다음과 같이 연결하고 '하트' 모양을 **오리** 모양으로 바꿉니다.

> **TIP** 어떤 단계가 진행 중인지 아이콘 모양을 보고 알 수 있기 때문에 아이콘 출력 블록의 아이콘 모양은 모두 다른 것으로 하면 좋습니다.

코드 업로드하기

① 완성한 코드를 마이크로비트에 업로드하여 프로젝트를 실행하겠습니다. 먼저, 편집기 하단의 **다운로드** 버튼을 클릭하여 완성한 코드를 내려받습니다.

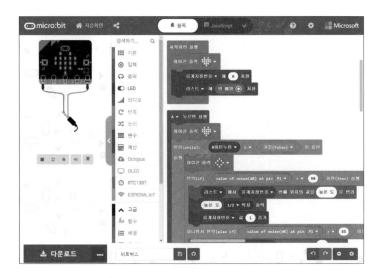

② 마이크로 5핀 USB 케이블을 사용하여 마이크로비트와 PC를 연결하면 MICROBIT 드라이브 창이 열립니다.

❸ 앞에서 내려받은 hex 파일을 마우스 오른쪽 버튼을 클릭하여 복사하고, MICROBIT 드라이브에 붙여 넣습니다.

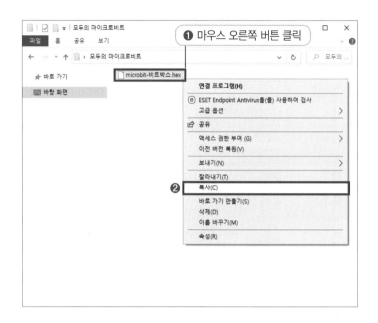

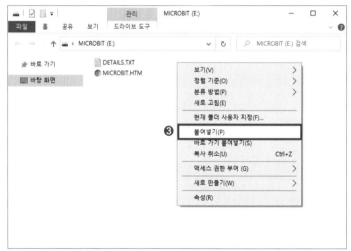

이제 비트박스를 사용할 준비를 모두 마쳤습니다. 완성된 비트박스가 제대로 작동하는지 확인해 보세요.

□ A 버튼을 누르고 소음의 크기에 따라 음계가 바뀌는지 테스트해 보세요.

□ B 버튼을 눌러 그동안 저장된 음계가 한 번에 출력되는지 확인해 보세요. 어떤 음악이 만들어졌나요?

□ A 버튼과 B 버튼을 함께 눌러 그동안 저장된 음계를 삭제해 보세요. B 버튼을 눌렀을 때 아무 소리도 나지 않아야 합니다.

❓❓ 왜 안 될까요?

프로젝트가 제대로 실행되지 않는다면 다음과 같은 사항을 확인해 보세요.

1. iot:bit와 마이크로비트에 보조 배터리가 연결되었는지 확인해 보세요. 보조 배터리에 포트가 하나뿐이라면 마이크로비트는 PC와 연결해도 좋아요.

2. 음계저장번호 변수와 출력번호 변수를 헷갈리지 않았는지 확인해 보세요. 이 변수들이 잘못된 위치에 있으면 음계가 저장되지 않거나 소리가 출력되지 않을 수 있어요.

3. 부등호의 방향이 제대로 되어 있는지 확인해 보세요.

10장

우리집 실내공기
모니터링

10.1 우리집 모니터링 프로젝트 준비하기

이번 장에서는 앞에서 다룬 미세먼지 센서와 온도 센서(BME280)를 사용해 집안의 미세먼지 농도와 온도, 습도를 측정하고, 그 값들을 보기 좋게 그래프로 만들어 언제 어디서나 우리집 환경을 모니터링하는 시스템을 만들어 보겠습니다. 특히 이번 장에서는 다양한 센서로 측정한 값들을 집 밖에서도 관리할 수 있도록 ThingSpeak이라는 새로운 플랫폼도 사용해 보겠습니다.

먼저 ThingSpeak IoT 플랫폼에 대해 알아보고, 센서들이 측정한 값들을 ThingSpeak IoT 플랫폼으로 보내 온라인에서 그래프를 확인하는 알고리즘을 만들겠습니다.

ThingSpeak IoT 플랫폼 알아보기

ThingSpeak IoT 플랫폼은 사물인터넷(IoT) 클라우드 서비스 중 하나로, 각종 IoT 데이터를 저장하고 시각화하여 편리하게 모니터링하도록 도와주는 사이트입니다. 이 프로젝트에서는 마이크로비트에 연결된 미세먼지 센서와 온도 센서가 측정한 값을 ThingSpeak IoT 플랫폼으로 보내 그래프로 나타내고, 컴퓨터에서 볼 수 있도록 할 거예요.

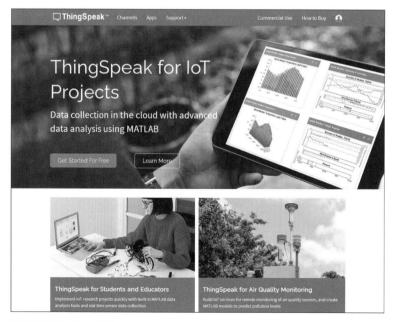

그림 10-1 | ThingSpeak 사이트

사물인터넷(IoT)이란?

사물인터넷(IoT)은 Internet of Things의 약자로, 우리가 일상에서 사용하는 사물에 센서를 부착하여 인터넷을 통해 실시간으로 데이터를 주고받는 기술을 말해요. 오늘의 운동량을 알려 주는 스마트워치나 스마트폰으로 전원을 켜고 끄는 냉난방기 등은 바로 IoT 기술 덕분에 가능하답니다. 이외에도 TV, 냉장고 등 가전제품과 에너지 소비 장치, 보안기기, 의료 분야까지 사물인터넷 기술을 사용하여 우리의 일상을 편리하게 해주고 있어요.

우리집 모니터링 알고리즘

우리집 모니터링 시스템을 만들려면 어떻게 코딩해야 하는지 알고리즘으로 먼저 표현해 볼까요?

1 미세먼지 센서가 측정한 미세먼지 농도 값을 OLED에 출력합니다.

2 온도 센서가 측정한 온도 값을 OLED에 출력합니다.

3 온도 센서가 측정한 습도 값을 OLED에 출력합니다.

4 측정한 센서 값을 ThingSpeak로 전달합니다.

5 온라인에서 미세먼지, 온도, 습도 센서 값의 그래프를 확인합니다.

10.2 우리집 모니터링 시스템 만들기

마이크로비트와 미세먼지 센서, BME280 센서를 사용하여 하드웨어를 연결하고, 주변에서 쉽게 구할 수 있는 재료로 모니터링 시스템의 겉모습을 꾸며 보겠습니다.

준비물 준비하기

다음과 같이 필요한 부품과 꾸미기 재료를 준비합니다.

마이크로비트

iot:bit 확장 보드

미세먼지 센서

온도 센서(BME280)

OLED

보조 배터리

마이크로 5핀 케이블 2개

삼색 점퍼선 2개

F-F 점퍼선 4개

꾸미기 재료: 재활용 상자(또는 하드보드지), 자, 가위, 칼, 양면 테이프

하드웨어 연결하기

1 iot:bit의 파란색 슬롯에 **마이크로비트**를 연결합니다.

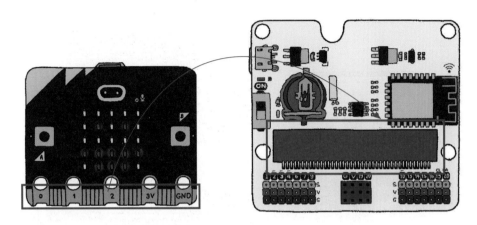

2 미세먼지 센서와 온도 센서가 측정한 센서 값을 출력할 **OLED**를 iot:bit 하단의 **I2C 인터페이스 첫 번째 줄**에 연결합니다.

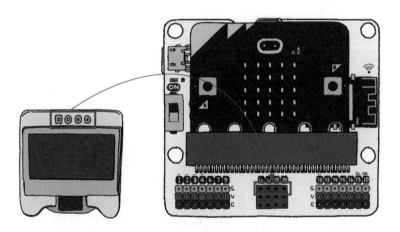

③ 미세먼지를 측정하기 위한 **미세먼지 센서**를 삼색 점퍼선 2개를 사용하여 iot:bit에 연결합니다. 미세먼지 센서의 **OUT** 포트를 iot:bit **1번 핀**에 연결하고, **LED IN** 포트를 13번 핀에 꽂습니다.

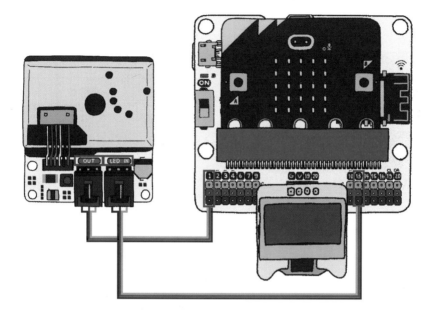

④ **온도 센서**(BME280)를 F–F 점퍼선 4개를 사용하여 iot:bit와 연결합니다. BME280 센서의 **GND 핀**을 iot:bit 20번 핀 중 검은색에, **VCC 핀**은 **20번 핀의 빨간색**에, **SDA 핀**은 20번 핀의 노란색에 연결하고, **SCL 핀**은 **19번 핀의 노란색**에 연결합니다.

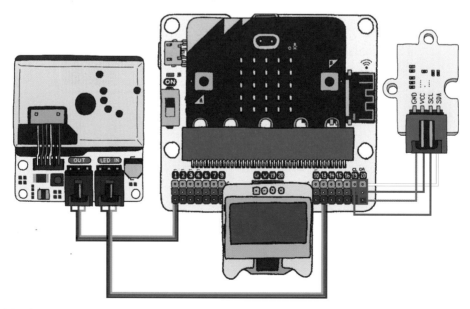

⑤ 마이크로 5핀 케이블을 사용하여 **보조 배터리**를 iot:bit와 **마이크로비트**에 각각 연결합니다.

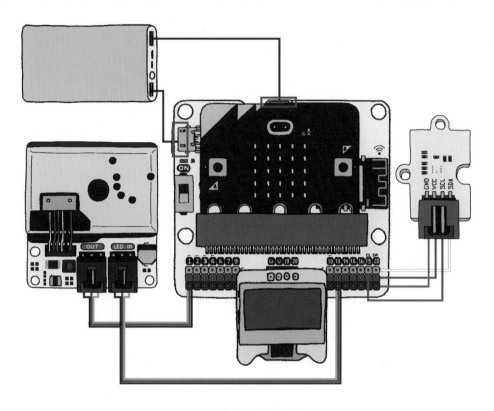

겉모습 꾸미기

① 앞에서 연결한 부품들이 모두 들어갈 만한 상자를 준비하고, 마이크로비트의 LED 화면과 OLED 화면, 미세먼지 센서와 온도 센서가 외부에서 잘 보이도록 상자를 잘라냅니다.

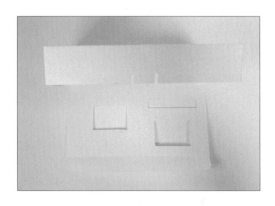

❷ 상자 안쪽에 하드웨어를 넣고, 잘라낸 구멍에 맞게 부품들의 위치를 잡은 뒤 흔들리지 않
도록 양면 테이프나 셀로판 테이프로 고정합니다.

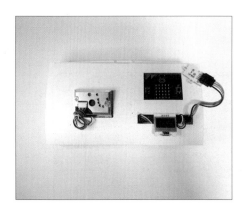

TIP 미세먼지 센서와 BME280 센서는 공기 중에 접촉해야 센서 값이 측정되므로 반드시 상자 바깥쪽으로 나오게 해주어야 합니다.

❸ 상자의 외형을 사인펜이나 색연필을 사용하여 예쁘게 꾸며 보세요.

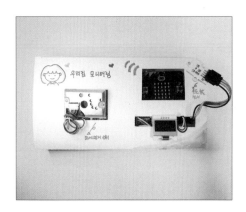

10.3   우리집 모니터링 코딩하기

● **완성 파일** Microbit-우리집모니터링.hex

우리집 모니터링 시스템이 제대로 작동하도록 코딩해 볼까요? 앞에서 만들었던 알고리즘을 떠올리면서 어떻게 코딩하면 좋을지 스스로 생각해 보세요.

코딩 시작하기

① **www.thingspeak.com**에 접속하여 우측 상단에 보이는 **Sign In** 버튼을 클릭합니다.

- **ThingSpeak 사이트 바로가기** https://thingspeak.com/

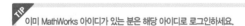

> TIP
> 이미 MathWorks 아이디가 있는 분은 해당 아이디로 로그인하세요.

② **Create one!**을 클릭하여 새 계정을 만듭니다. 다음과 같이 **이메일 주소**와 **국가, 이름**을 적고 Continue를 클릭합니다.

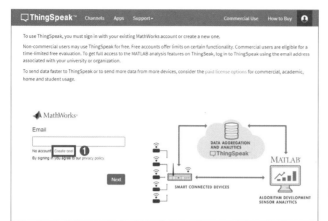

> **TIP**
> 개인 계정을 사용하면 다음과 같이 현재 이메일을 사용하겠냐는 메시지가 나올 수도 있습니다. 이때는 다음과 같이 체크 표시를 한 뒤 Continue를 클릭합니다.
>
> **Personal Email Detected**
>
> ⚠ **To use your organization's MATLAB, enter your work or university email**
>
> **Email Address**
>
> smaker03@nate.com ✓
>
> ☑ Use this email for my MathWorks Account

③ 새로 입력한 계정을 인증하라는 화면이 나타나면 입력한 메일에 접속하여 **Verify email**을 클릭하고 다시 검증 화면으로 돌아가 Continue를 클릭합니다.

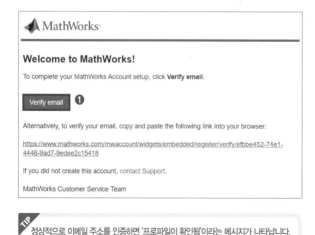

> **TIP**
> 정상적으로 이메일 주소를 인증하면 '프로파일이 확인됨'이라는 메시지가 나타납니다.

④ 비밀번호를 입력하라는 화면이 나오면 **비밀번호**를 입력한 후 다시 **Continue**를 클릭합니다.

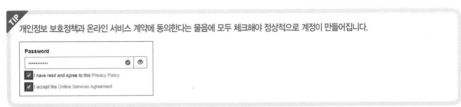

⑤ 성공적으로 가입했다는 메세지가 나타나면 **OK** 버튼을 클릭합니다.

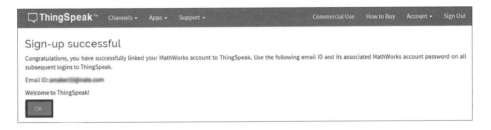

⑥ 가입이 완료되면 **Channels** 메뉴에서 **New Channel**을 눌러 새로운 채널을 만듭니다.

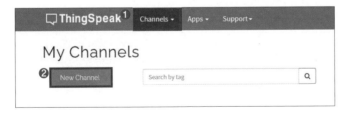

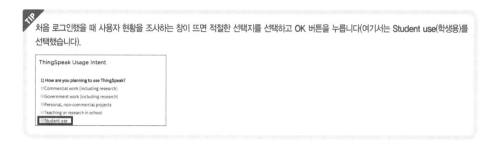
⑦ 다음 그림과 같이 Name 란에는 **Home_IoT**를 입력하고, Field 1, Field 2, Field 3 란을 차례로 **Dust, Temperature, Humidity**라고 채운 뒤 아래쪽에 있는 **Save Channel** 버튼을 클릭합니다.

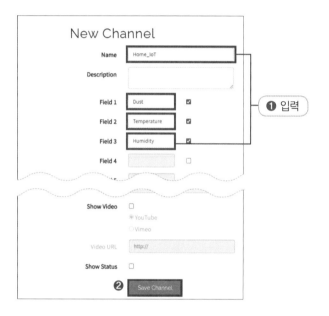

⑧ 마이크로비트를 채널에 연결하기 위해 비밀번호처럼 사용되는 API Keys를 가져오겠습니다. **API Key** 탭을 클릭하고, Write API Key에 있는 Key 값을 복사하여 기록해 둡니다.

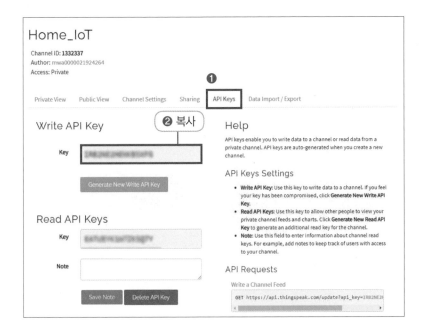

> **TIP** Key 값은 개인에 따라 모두 다르므로 여러분의 화면에 보이는 값을 복사하여 기록해 두어야 합니다.

⑨ MakeCode 편집기에서 **새 프로젝트**를 클릭하고, 프로젝트 이름을 **우리집모니터링**이라고 입력한 뒤 **생성**을 클릭합니다.

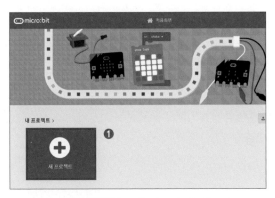

• **MakeCode 편집기 바로가기** https://makecode.microbit.org/

⑩ **고급** 꾸러미와 **확장** 꾸러미를 차례로 클릭한 뒤, 검색창에 **iot**를 입력하고 **iot-environment-kit**를 선택합니다.

초기화하기

① 마이크로비트의 전원이 켜졌음을 알 수 있도록 **기본** 꾸러미에서 아이콘 출력 블록을 가져와 시작하면 실행 블록 안쪽에 연결합니다.

> **TIP** 아이콘 모양은 여러분이 원하는 모양으로 자유롭게 지정해도 좋습니다. 여기서는 '행복함' 모양을 선택했습니다.

② OLED 화면을 초기화하기 위해 **OLED** 꾸러미에서 initialize OLED with width 128 height 64 블록을 가져와 다음과 같이 연결합니다.

③ 와이파이 접속을 위해 **ESP8266_IoT** 꾸러미에서 `set ESP8266 RX P8 TX P12 Baud rate 115200` 블록을 가져와 다음과 같이 연결합니다.

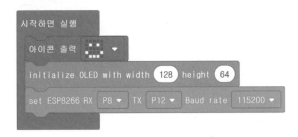

> **TIP**
> ESP8266_IoT는 마이크로비트에 내장되어 있는 wifi 접속을 위한 모듈입니다. TX(Transmitter)는 송신부를, RX(Receiver)는 수신부를 의미하며, 115200의 통신 속도를 사용합니다.

④ 여러분의 와이파이 이름과 비밀번호를 입력하기 위해 ESP8266_IoT 꾸러미에서 `connect Wifi SSID = "your_ssid" KEY = "your_pw"` 블록을 가져와 다음과 같이 연결하고, 'your_ssid'에 여러분의 와이파이 이름을 입력하고, 'your_pw'에 비밀번호를 입력합니다.

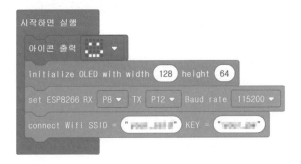

> **TIP**
> 해당 블록은 5Ghz 신호를 지원하지 않으므로 2.4Ghz 신호의 와이파이를 사용해야 합니다.

알고리즘에 따라 코딩하기

① **OLED** 꾸러미에서 `clear OLED display` 블록을 가져와 `무한반복 실행` 블록 안쪽에 연결합니다.

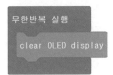

❷ 미세먼지 값을 출력하기 위해 **OLED** 꾸러미에서 `show (without newline) string " "` 블록을 가져와 연결하고, 빈칸에 **Dust(ug/m3):** 를 입력합니다.

```
무한반복 실행
    clear OLED display
    show (without newline) string  "Dust(ug/m3): "
```

❸ **OLED** 꾸러미에서 `show (without newline) number 0` 블록을 가져와 연결하고, **Octopus** 꾸러미에서 `value of dust(µg/m3) at LED P16 out P1` 블록을 가져와 '0' 부분에 끼웁니다. 그리고 'P16'을 **P13**으로 바꿉니다.

```
무한반복 실행
    clear OLED display
    show (without newline) string  "Dust(ug/m3): "
    show (without newline) number  value of dust(µg/m³ ) at LED  P13 ▼  out  P1 ▼
```

❹ 다른 센서 값을 다음 줄에 출력하도록 **OLED** 꾸러미에서 `insert newline` 블록을 가져와 다음과 같이 연결합니다.

```
무한반복 실행
    clear OLED display
    show (without newline) string  "Dust(ug/m3): "
    show (without newline) number  value of dust(µg/m³ ) at LED  P13 ▼  out  P1 ▼
    insert newline
```

⑤ 같은 방식으로 온도 값과 습도 값을 출력하기 위해 다음과 같이 블록을 연결합니다.

⑥ 이제 센서 값을 ThingSpeak로 전송하겠습니다. **ESP8266_IoT** 꾸러미의 **ThingSpeak** 꾸러미에서 `connect thingspeak` 블록을 가져와 다음과 같이 연결합니다 .

7 ESP8266_IoT 꾸러미의 ThingSpeak 꾸러미에서 set data to send Thingspeak 블록을 가져와 연결하고, "your_write_api_key"에 217쪽에서 저장해 둔 **Write API Key 값**을 찾아 입력합니다.

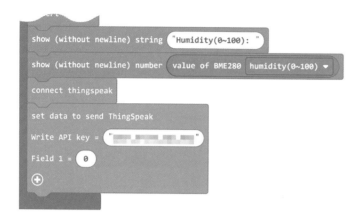

> **TIP** set data to send Thingspeak 블록은 Thingspeak와 마이크로비트를 연결하기 위해 필요한 정보를 설정하는 블록입니다.

8 Field 1 옆에 있는 '0' 부분에 **Octopus** 꾸러미의 value of dust(μg/m3) at LED P16 out P1 블록을 끼우고 'P16'을 **P13**으로 바꿉니다.

> **TIP** 앞의 3단계에서 사용한 블록을 복사하여 붙여 넣어도 됩니다.

⑨ Field를 두 개 더 추가하기 위해 `set data to send Thingspeak` 블록 밑에 보이는 [+] 버튼을 두 번 클릭합니다. 그리고 Field 2와 Field 3 옆에 있는 '0' 부분에도 ⑤단계에서 사용한 Octopus 블록을 각각 복사하여 다음과 같이 끼웁니다.

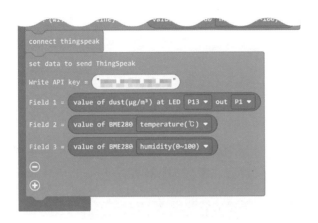

⑩ 각 필드에 저장된 센서 값을 Thingspeak로 업로드하기 위해 **ESP8266_IoT** 꾸러미의 **ThingSpeak** 꾸러미에서 `Upload data to ThingSpeak` 블록을 연결합니다.

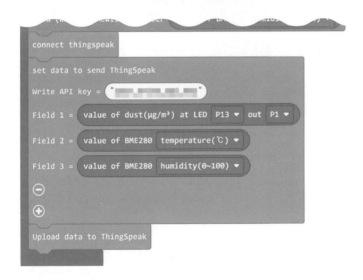

⑪ 센서 값들을 60초 단위로 출력하기 위해 **기본** 꾸러미에서 일시중지 100 (ms) 블록을 가져와 연결하고, '100'을 **60000**으로 바꿉니다.

코드 업로드하기

① 완성한 코드를 마이크로비트에 업로드하여 프로젝트를 실행하겠습니다. 먼저, 편집기 하단의 **다운로드** 버튼을 클릭하여 완성한 코드를 내려받습니다.

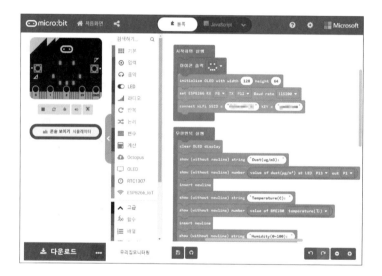

② 마이크로 5핀 USB 케이블을 사용하여 마이크로비트와 PC를 연결하면 MICROBIT 드라이브 창이 열립니다.

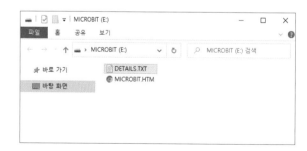

❸ 앞에서 내려받은 hex 파일을 마우스 오른쪽 버튼을 클릭하여 복사하고, MICROBIT 드라이브에 붙여 넣습니다.

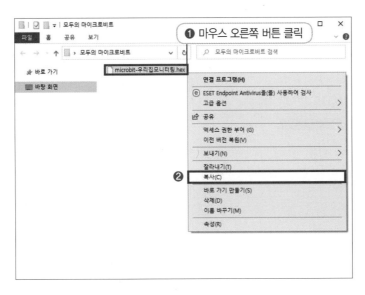

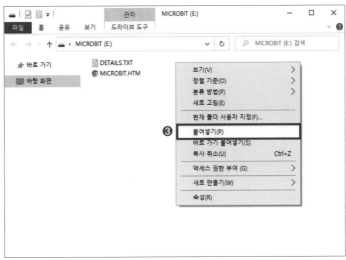

④ ThingSpeak 사이트로 돌아가 **Channels** 메뉴의 **My Channels**를 선택하고, **Home_IoT**를 클릭해 보세요. 다음과 같이 실내공기 모니터링 결과를 확인할 수 있습니다.

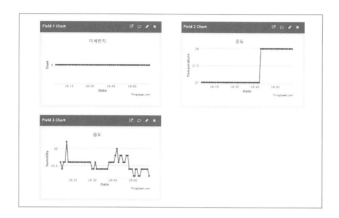

이렇게 우리집 실내공기 모니터링 시스템을 완성했습니다. 여러분이 만든 작품이 잘 작동하는지 확인해 보세요.

✔ 체크리스트

☐ OLED에 미세먼지 센서 값과 온도 센서 값, 습도 센서 값이 다음과 같이 출력되나요? 미세먼지, 온도, 습도 값들은 여러분의 작품이 있는 공간에 따라 값이 변할 수 있어요!

Dust(ug/m3): 0

Temperatuer(C): 25

Humidity(0~100): 30

☐ OLED에 표시된 센서 값들과 실시간으로 표시되는 ThingSpeak 채널의 그래프 값을 비교해 보세요.

⁇ 왜 안 될까요?

프로젝트가 제대로 실행되지 않는다면 다음과 같은 사항을 확인해 보세요.

1. 마이크로비트 LED와 OLED는 잘 작동하는데 ThingSpeak에 그래프가 나타나지 않는다면 iot:bit가 보조 배터리에 연결되었는지 확인해 보세요. iot:bit 전원이 연결되어야 센서 값이 서버로 전송됩니다.
2. iot:bit 전원을 잘 연결했는데도 그래프가 보이지 않는다면 wifi 이름과 비밀번호가 제대로 입력되었는지 확인해 보세요. 5GHz는 지원하지 않으므로 2.4GHz에 연결해야 합니다(wifi가 연결되기까지 수 분이 걸리기도 합니다).
3. ThingSpeak의 채널의 Write API Key 값을 제대로 입력했는지 확인해 보세요.

11장

전기를 절약하는
원격 스위치 만들기

여러분은 전기가 어떻게 생기는지 알고 있나요? 세상에는 다양한 에너지를 전기 에너지로 바꾸는 기술이 있지만, 모든 에너지를 무한히 쓸 수 있는 것은 아니랍니다. 유한한 에너지를 낭비하지 않고 전기를 절약하기 위해 원격으로 켜고 끌 수 있는 스위치를 만들어 볼까요?

이번 절에서는 각도를 조절하여 회전하는 서보 모터에 대해 알아보고, Kidsiot라는 사이트에서 신호를 보내 원격으로 스위치를 켜고 끄는 알고리즘을 만들겠습니다.

서보 모터 알아보기

서보 모터(servo motor)를 알기 전에 모터에 관해 먼저 알아보겠습니다. 모터란 전기 에너지를 회전력으로 변환해 주는 기계입니다. 예를 들어, 자동차에 있는 바퀴도 모두 모터 때문에 회전할 수 있는 것입니다. 그렇다면 서보 모터란 무엇일까요? 서보는 임의의 값에 가까워지도록 모터를 제어합니다. 모터가 그냥 회전하는 것이 아니라 각도, 속도, 회전 힘 등을 조절하면서 회전하는 것이죠. 여기서 사용하는 서보 모터는 각도를 조절하는 모터로, 모터가 회전하면서 모터에 연결된 플라스틱 날개 팁으로 스위치를 누르게 할 수 있습니다.

그림 11-1 | 서보 모터

원격 스위치 알고리즘

원격 조종 스위치를 만들려면 어떻게 코딩해야 하는지 알고리즘으로 먼저 표현해 볼까요?

1 | 마이크로비트가 와이파이에 연결되면

    1-1 | 큰 하트를 출력하고

2 │ 와이파이에 연결되지 않았으면

　　2-1 │ 연결을 다시 시도합니다.

3 │ 마이크로비트가 Kids' IoT에 연결되면

　　3-1 │ 작은 하트를 출력하고

4 │ Kids' IoT에 연결되지 않았으면

　　4-1 │ 연결을 다시 시도합니다.

5 │ 빛 센서가 광량을 측정하여 Kids' IoT 사이트로 보냅니다.

6 │ Kids' IoT 사이트에서 원격 조종 버튼을 켜면

　　6-1 │ 서보 모터가 회전하여 스위치를 끄고

　　6-2 │ LED를 끕니다.

7 │ Kids' IoT 사이트에서 원격 조종 버튼을 끄면

　　7-1 │ 서보 모터가 다시 제자리로 돌아오고

　　7-2 │ LED를 켭니다.

11.2　원격 스위치 만들기

마이크로비트와 서보 모터를 사용하여 하드웨어를 연결하고, 주변에서 쉽게 구할 수 있는 재료로 원격 스위치를 꾸며 보겠습니다.

준비물 준비하기

다음과 같이 필요한 부품과 꾸미기 재료를 준비합니다.

마이크로비트

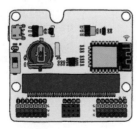

iot:bit 확장 보드

180도 서보 모터와 날개(양쪽 날개)

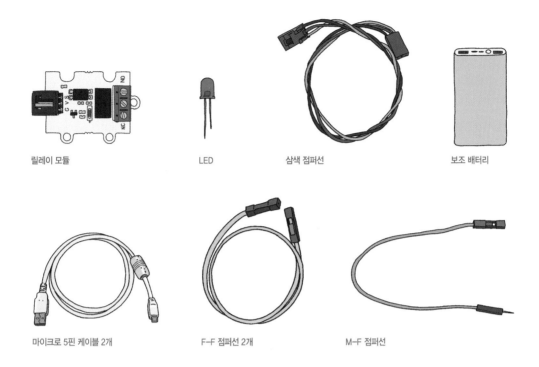

릴레이 모듈   LED   삼색 점퍼선   보조 배터리

마이크로 5핀 케이블 2개   F-F 점퍼선 2개   M-F 점퍼선

꾸미기 재료: 재활용 상자(또는 하드보드지), 일자 드라이버, 양면 테이프, 셀로판 테이프, 가위

하드웨어 연결하기

1 **iot:bit**의 파란색 슬롯에 **마이크로비트**를 연결합니다.

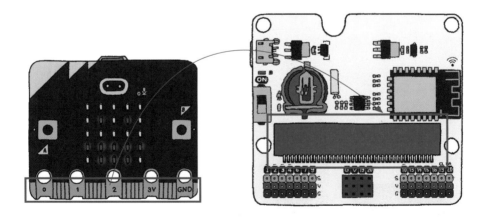

② 양쪽 날개를 끼운 **서보 모터**를 iot:bit 1번 핀에 연결합니다.

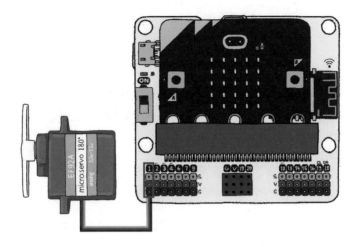

③ **LED**를 **릴레이 모듈**에 연결합니다. 릴레이 모듈의 가운데 단자에 LED의 (+)극을 연결한 후
일자 드라이버를 사용하여 빠지지 않도록 조입니다.

> **TIP**
> LED의 두 개의 철심 중 긴 쪽이 (+)극이고, 짧은 쪽이 (−)극입니다.

④ LED를 연결한 **릴레이 모듈**을 삼색 점퍼선을 사용하여 iot:bit 2번 핀에 연결합니다.

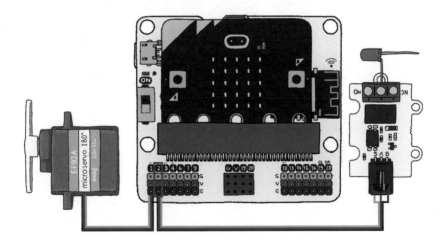

5 LED의 **(−)극**을 F–F 점퍼선을 사용하여 iot:bit **10번 검정색 핀**에 연결합니다.

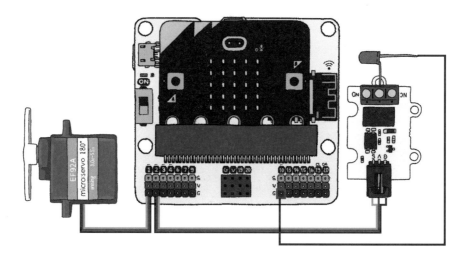

> **TIP**
> 10번 핀이 아니더라도 iot:bit의 검정색 핀이라면 어느 곳에 연결해도 상관없습니다.

6 릴레이 모듈의 **NO 단자**를 M–F 점퍼선을 사용하여 iot:bit **9번 빨간색 핀**에 연결합니다.

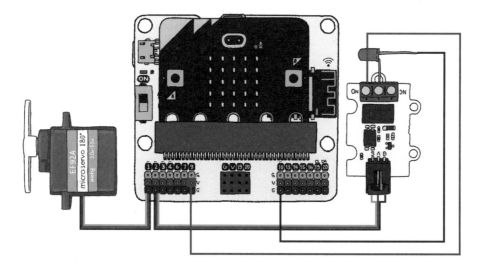

⑦ 마이크로 5핀 케이블을 사용하여 **보조 배터리**를 iot:bit와 **마이크로비트**에 각각 연결합니다.

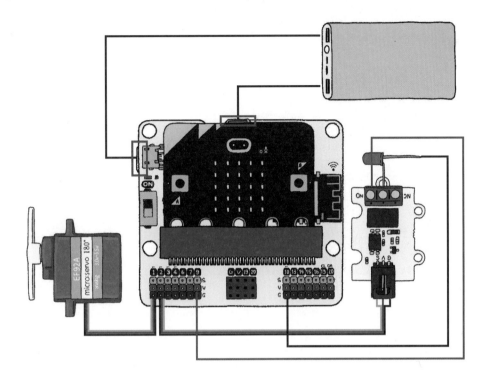

겉모습 꾸미기

① 재활용 상자나 하드보드지를 사용하여 앞에서 만든 하드웨어를 넣을 상자를 만듭니다.

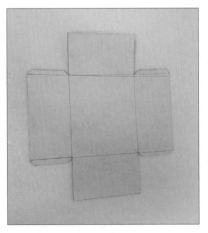
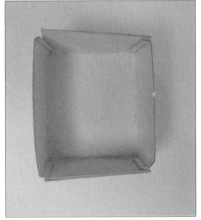

❷ 박스 안쪽에 앞에서 만든 하드웨어를 넣어 고정하고, 강력한 양면 테이프를 사용해 스위치 주변에 붙입니다. 특히 서보 모터의 날개가 회전하면서 스위치를 눌러 끌 수 있도록 서보 모터를 스위치 옆에 잘 붙여 줍니다.

11.3 원격 스위치 코딩하기

● **완성 파일** microbit-원격스위치.hex

앞에서 만든 원격 스위치가 제대로 작동하도록 코딩해 볼까요? 앞에서 만들었던 알고리즘을 떠올리면서 어떻게 코딩하면 좋을지 스스로 생각해 보세요.

코딩 시작하기

① 마이크로비트를 원격으로 조종하기 위해 Kids' IoT 사이트에 접속한 후 사이트에 가입하기 위해 **Sign up** 버튼을 클릭합니다.

- **Kids' IoT 사이트 바로가기** https://www.kidsiot.net/

> **TIP**
> Kids' IoT는 thingspeak처럼 마이크로비트와 IoT를 연결하는 서버 역할을 해주는 인터넷 플랫폼으로, ThingSpeak보다 비교적 간단한 플랫폼입니다.

② 이메일과 비밀번호를 입력한 뒤 하단의 **Sign up** 버튼을 클릭합니다.

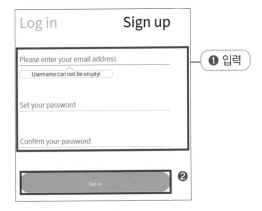

③ 입력한 이메일에 접속하면 Kids' IoT에서 보낸 등록 이메일을 확인할 수 있습니다. 계정을 활성화하는 URL을 클릭하면 등록에 성공하였다는 화면이 나타납니다. **Skip now** 버튼을 클릭하여 사이트 첫 화면으로 이동합니다.

④ 사이트 첫 화면에서 **Log in** 버튼을 클릭하여 등록한 이메일과 비밀번호를 입력하고 **Log in** 버튼을 클릭합니다.

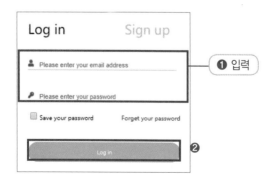

⑤ 마이크로비트를 등록하기 위해 **Create new device**를 클릭하여 Equipment_1(장치_1) 토픽을 만듭니다.

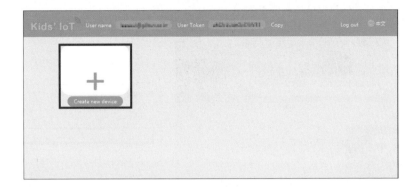

⑥ Equipment_1 토픽에서 **View details**를 클릭하면 다음과 같이 데이터를 표와 그래프로 확인할 수 있고, 원격 조종(Remote Control) 버튼을 통해 원격 제어가 가능합니다.

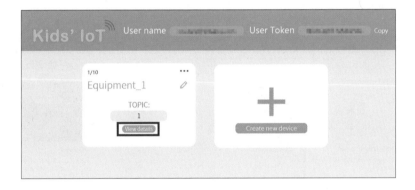

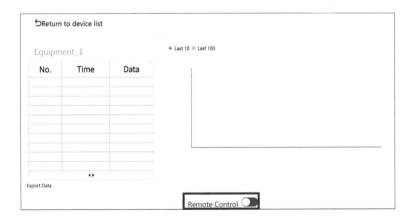

❼ MakeCode 편집기에서 **새 프로젝트**를 클릭하고, 프로젝트 이름을 **원격스위치**라고 입력한 뒤 **생성**을 클릭합니다.

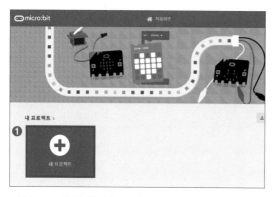

• **MakeCode 편집기 바로가기** https://makecode.microbit.org/

❽ **고급** 꾸러미와 **확장** 꾸러미를 차례로 클릭한 뒤, 검색창에 **iot**를 입력하고 **iot-environment-kit**를 선택합니다.

초기화하기

❶ 와이파이 연결을 위해 **ESP8266_IoT** 꾸러미에서 `set ESP8266 RX P8 TX P12 Baud rate 115200` 블록을 가져와 `시작하면 실행` 블록 안쪽에 연결합니다.

> **TIP**
> 해당 블록은 5Ghz 신호를 지원하지 않으므로 2.4Ghz 신호의 와이파이를 사용해야 합니다.

알고리즘에 따라 코딩하기

① 마이크로비트가 와이파이에 연결되었는지 확인하기 위해 **논리** 꾸러미에서 `만약(if) 참(true)` `이면(then) 실행 / 아니면(else) 실행` 블록을 가져와 `무한반복 실행` 블록 안쪽에 연결합니다. 그리고 **ESP8266_IoT** 꾸러미에서 `Wifi connected 거짓(false)` 블록을 가져와 '참(true)' 부분에 끼우고 '거짓'을 **참**으로 바꿉니다.

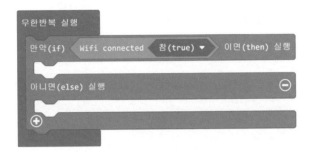

② 와이파이가 연결되면 마이크로비트의 LED 화면에 큰 하트를 출력하기 위해 **기본** 꾸러미에서 `아이콘 출력` 블록을 가져와 다음과 같이 연결합니다.

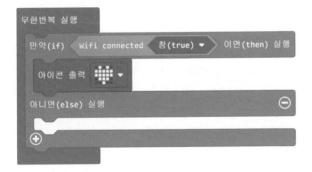

③ 와이파이에 연결되지 않으면 연결을 시도할 수 있도록 **ESP8266_IoT** 꾸러미에서 `connect` `Wifi SSID = "your_ssid" KEY = "your_pw"` 블록을 가져와 다음과 같이 연결합니다.

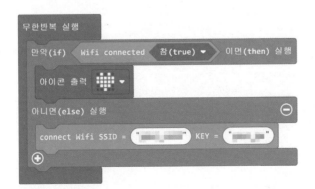

> **TIP**
> your_ssid 및 your_pw에는 여러분의 와이파이 아이디와 비밀번호를 입력해야 합니다.

④ 마이크로비트가 Kids' IoT에 연결되었는지 확인하기 위해 **논리** 꾸러미에서 만약(if) 참(true) 이면(then) 실행 / 아니면(else) 실행 블록을 가져와 다음과 같이 연결합니다. 그리고 **ESP8266_ IoT** 꾸러미의 **Kidslot** 꾸러미에서 Kidslot connection 거짓(false) 블록을 가져와 '참(true)' 부분에 끼우고 '거짓'을 **참**으로 바꿉니다.

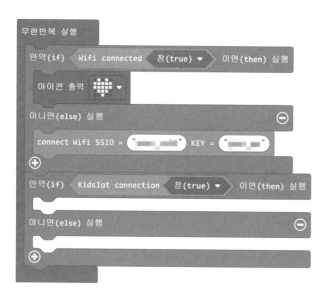

⑤ Kids' IoT에 연결되면 마이크로비트의 LED 화면에 작은 하트를 출력하기 위해 **기본** 꾸러미에서 아이콘 출력 블록을 가져와 '하트'를 **작은 하트**로 바꿉니다.

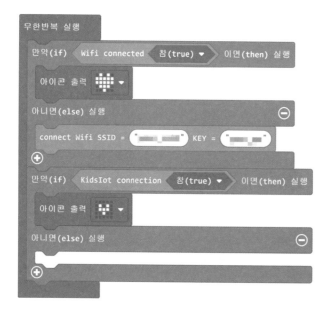

6 마이크로비트가 Kids' IoT 사이트에 연결되지 않았으면 연결을 시도하도록 **ESP8266_IoT** 꾸러미의 **Kidslot** 꾸러미에서 `Connect Kidslot with userToken: " " Topic: " "` 블록을 가져와 다음과 같이 연결합니다. 빈칸에는 Kids' IoT 사이트의 userToken과 Topic을 차례로 입력합니다.

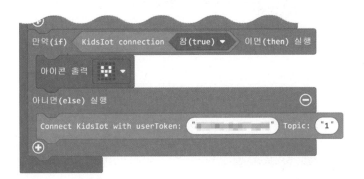

> **TIP** 'userToken'은 Kids' IoT 사이트에서 제공하는 16자리의 개인 고유번호로, 로그인하면 상단에서 확인할 수 있습니다. 'Topic'은 앞에서 만든 Equipment_1 토픽 번호입니다. 장치를 여러 개 등록하면 1, 2, 3 … 순서로 TOPIC 번호가 부여됩니다.

7 빛 센서가 측정한 값을 Kids' IoT에 전송하기 위해 **ESP8266_IoT** 꾸러미의 **KidsIoT** 꾸러미에서 `Upload data 0 to kidsiot` 블록을 가져와 다음과 같이 **무한반복 실행** 블록의 제일 아래에 연결합니다. 그리고 **입력** 꾸러미에서 **빛센서 값** 블록을 가져와 '0' 부분에 끼웁니다.

❽ 빛 센서 값을 보내는 간격을 2초로 조절하기 위해 **기본** 꾸러미에서 일시중지 100 (ms) 블록을 가져와 연결하고, '100'을 **2000**으로 바꿉니다.

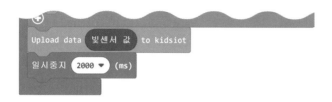

❾ Kids' IoT 사이트에서 원격 조종 버튼(Remote Control)을 on으로 하면 서보 모터가 회전하도록 **ESP8266_IoT** 꾸러미의 **KidsIoT** 꾸러미에서 When switch on 블록을 가져오고, **고급** 꾸러미의 **핀** 꾸러미에서 P0에 서보 값 180 출력 블록을 가져와 연결합니다. 그리고 'P0'를 **P1**으로 바꾸고 '180'을 **35**로 바꿉니다.

❿ Kids' IoT 사이트에서 원격 조종 버튼(Remote Control)이 on일 때 LED가 꺼지도록 **핀** 꾸러미에서 P0에 디지털 값 0 출력 블록을 가져와 연결하고, 'P0'를 **P2**로 바꿉니다.

> TIP
> 원격 조종 버튼(Remote Control)이 on일 때 LED를 꺼지게 하여 마이크로비트가 원격 제어 신호를 잘 받았음을 확인할 수 있습니다. 마이크로비트에 전원이 켜졌을 때 특정 아이콘을 출력하는 것과 비슷하지요?

⑪ Kids' IoT 사이트에서 원격 조종 버튼(Remote Control)을 off로 하면 서보 모터가 다시 제자리로 돌아오도록 **ESP8266_IoT** 꾸러미의 **KidsIoT** 꾸러미에서 When switch off 블록을 가져오고, **핀** 꾸러미에서 P0에 서보 값 180 출력 블록을 가져와 연결합니다. 그리고 'P0'를 **P1**으로 바꾸고 '180'을 **0**으로 바꿉니다.

⑫ Kids' IoT 사이트에서 원격 조종 버튼(Remote Control)이 off일 때 LED가 켜지도록 **핀** 꾸러미에서 P0에 디지털 값 0 출력 블록을 가져와 연결하고, 'P0'를 **P2**로 바꾸고 '0'을 **1**로 바꿉니다.

코드 업로드하기

① 완성한 코드를 마이크로비트에 업로드하여 프로젝트를 실행하겠습니다. 먼저, 편집기 하단의 **다운로드** 버튼을 클릭하여 완성한 코드를 내려받습니다.

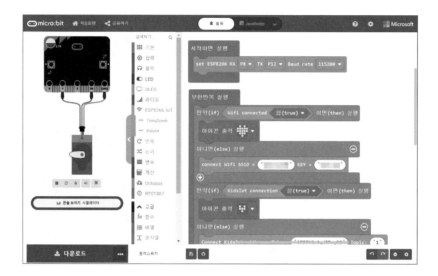

② 마이크로 5핀 USB 케이블을 사용하여 마이크로비트와 PC를 연결하면 MICROBIT 드라이브 창이 열립니다.

③ 앞에서 내려받은 hex 파일을 마우스 오른쪽 버튼을 클릭하여 복사하고, MICROBIT 드라이브에 붙여 넣습니다.

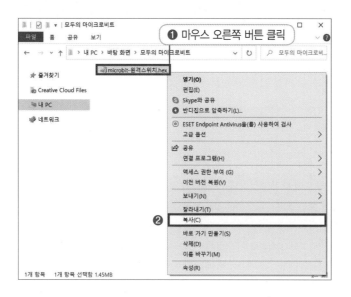

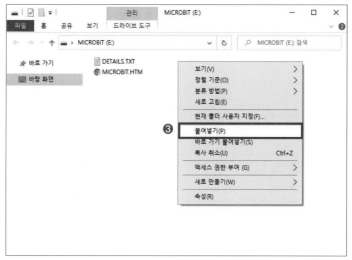

이제 전기를 절약하는 원격 스위치를 사용할 준비를 모두 마쳤습니다. 완성된 작품이 제대로 작동하는지 확인해 보세요.

☐ Kids' IoT 사이트에서 Equipment_1의 View details를 클릭해 보세요. 표와 그래프에 온도 값이 출력되나요?

☐ 불이 켜져 있을 때 Kids' IoT 사이트의 원격 조종 버튼(Remote Control)을 on으로 바꿔 보세요. 서보 모터가 회전하나요?

☐ 원격 조종 버튼(Remote Control)을 off로 바꿔 보세요. 서보 모터가 원래 자리로 돌아가나요?

⁇ 왜 안 될까요?

프로젝트가 제대로 실행되지 않는다면 다음과 같은 사항을 확인해 보세요.

1. 스위치에 서보 모터를 붙일 때 불이 켜진 상태에서 붙였는지 확인해 보세요. 이 프로젝트의 목표는 불필요하게 불이 켜져 있을 때 서보 모터가 회전하여 불을 끄는 것이므로 불이 켜져 있을 때 스위치가 튀어나온 쪽에 서보 모터를 붙여야 합니다.

2. 마이크로비트 LED 화면에 하트가 커졌다 작아졌다를 반복해야 와이파이와 Kids' IoT 사이트에 정상적으로 연결된 것입니다. 하트 모양이 나타나지 않으면 와이파이가 연결되지 않은 것이고, 작은 하트 모양이 나타나지 않으면 Kids' IoT 사이트에 연결되지 않은 것입니다. 이럴 때는 여러분의 와이파이 아이디와 비밀번호, userToken과 Topic 값을 다시 한 번 확인해 주세요.

SMS 화재 경보기

보통의 학교나 회사, 아파트 등에는 화재 경보기가 있습니다. 만약 여러분이 화재 경보기가 없는 곳에 살고 있다면 불이 났을 때 어떤 대처도 할 수 없겠죠? 이번 장에서는 마이크로비트의 온도 센서를 사용하여 불이 나서 온도가 높아지면 마이크로비트가 여러분의 스마트폰에 SMS를 보내는 프로그램을 만들겠습니다.

이번 절에서는 마이크로비트에 메시지를 보내 주는 IFTTT 프로그램에 대해 알아보고, 온도가 높아지면 스마트폰으로 메시지를 보내는 알고리즘을 만들겠습니다.

IFTTT 알아보기

IFTTT는 스마트폰이나 인터넷이 되는 기계 장치(마이크로비트, 라즈베리파이 등) 사이의 의사소통을 도와주는 애플리케이션입니다. IFTTT라는 이름은 'if this than that'의 약자로, '만약(if)에 이것(this)이 발생하면(than) 저것(that)을 하라'는 의미를 가지고 있습니다. 이 애플리케이션은 ThingSpeak에서 자신의 서버에 있는 온도 값을 IFTTT 서버로 전송하고, 원하는 메시지를 스마트폰으로 전송하도록 도와줍니다. 이번 장에서는 이 애플리케이션을 사용해 '만약(if)에 HTTP 통신(this)이 발생하면(then) 스마트폰에 문자 메시지를 보내(that)'는 자동화 프로그램을 만들겠습니다.

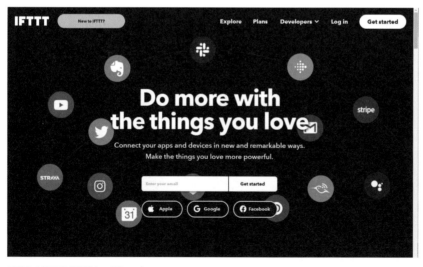

그림 11-1 | IFTTT 사이트(https://ifttt.com)

SMS 화재 경보기 알고리즘

SMS 화재 경보기를 만들려면 어떻게 코딩해야 하는지 알고리즘으로 먼저 표현해 볼까요?

1 │ 마이크로비트가 와이파이에 연결되었는지 판단합니다.

    1-1 │ 연결되었으면 큰 하트를 출력하고

    1-2 │ 연결되지 않았으면 연결을 시도합니다.

2 │ 마이크로비트가 ThingSpeak에 연결되었는지 판단합니다.

    2-1 │ 연결되었으면 작은 하트를 출력하고

    2-2 │ 연결되지 않았으면 연결을 시도합니다.

3 │ 온도 센서가 측정한 온도 값을 ThingSpeak에 업로드합니다.

4 │ ThingSpeak에 전송된 온도 값이 30도 이상이면 HTTP 통신을 통해 IFTTT 서버에 알립니다.

5 │ IFTTT가 스마트폰에 SMS 메시지를 전송합니다.

12.2 SMS 화재 경보기 만들기

이번 장의 준비물은 간단합니다. 마이크로비트와 스마트폰을 사용하여 불이 나서 온도가 높아지면 SMS 메시지를 보내주는 화재 경보기를 만들겠습니다. 다만, 실제로 불을 낼 수는 없으므로 핫팩을 대신 사용하여 불이 난 상황을 연출하겠습니다. 또한 마이크로비트의 온도 센서가 고온을 감지하려면 핫팩을 마이크로비트에 가까이 붙여야 하므로 이번 프로젝트에서는 겉모습 꾸미기를 하지 않겠습니다.

준비물 준비하기

다음과 같이 필요한 부품을 준비합니다.

마이크로비트

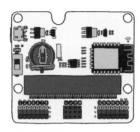

iot:bit 확장 보드

스마트폰

보조 배터리

마이크로 5핀 케이블 2개

기타 재료: 핫팩

하드웨어 연결하기

① iot:bit의 파란색 슬롯에 **마이크로비트**를 연결합니다.

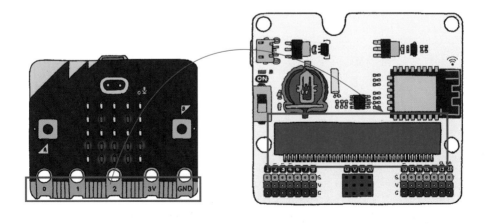

② 마이크로 5핀 케이블을 사용하여 **보조 배터리**를 iot:bit와 **마이크로비트**에 각각 연결합니다.

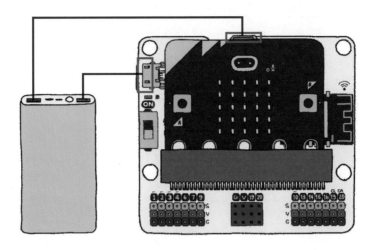

12.3 SMS 화재 경보기 코딩하기

◉ **완성 파일** Microbit-SMS화재경보기.hex

SMS 화재 경보기가 제대로 작동하도록 코딩해 볼까요? 앞에서 만들었던 알고리즘을 떠올리면서 어떻게 코딩하면 좋을지 스스로 생각해 보세요.

코딩 시작하기

① 마이크로비트에 문자 메시지를 보내기 위해 IFTTT 사이트에 접속한 후, 로그인하기 위해 **Get started**를 클릭합니다.

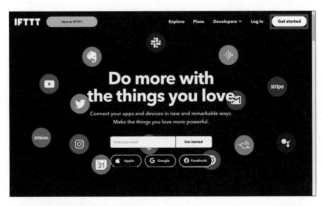

• **IFTTT 사이트 바로가기** https://ifttt.com/

② 여러분이 사용하는 이메일 계정을 선택하여 로그인합니다.

> TIP
> 화면에 보이는 이메일 계정 외에 다른 계정을 사용하려면 하단의 sign up을 클릭하여 다른 이메일 계정으로 가입합니다.

③ IFTTT를 생성하기 위해 Create를 클릭합니다.

④ Create your own 화면이 나오면 **If This**를 클릭한 후, 검색창에 **Webhooks**를 입력하고 검색
된 그림을 클릭합니다.

TIP Webhooks가 있어야 ThingSpeak이 보내는 HTTP 통신 정보를 받을 수 있습니다.

⑤ Choose a trigger 화면에서 **Receive a web request**를 클릭하고, Connect service 화면이 나오
면 **Connect** 버튼을 클릭합니다.

TIP Connect 버튼을 누르면 Thingspeak의 API Key처럼 IFTTT에도 API Key가 생깁니다. 이 API Key를 이용하여 마이크로비트와 스마트폰 사이의 온도 값 통신을 원활히 할 수 있습니다.

⑥ Complete trigger fields 화면에서 Event Name에 **microbitSMS**라고 입력하고 **Create trigger** 버튼을 클릭합니다.

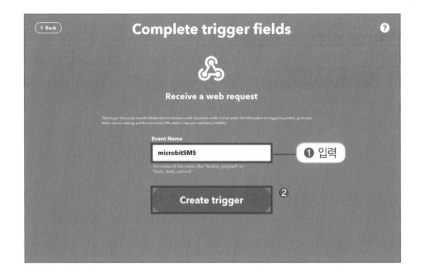

⑦ 다시 Create your own 화면이 나오면 **Then That**을 클릭한 후, 검색창에 **Android SMS**를 입력하고 검색된 그림을 클릭합니다.

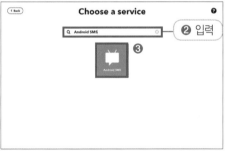

> **TIP** iOS 환경에서는 보안상의 이유로 메시지 발송이 불가능하므로 Android 환경에서 테스트해 보길 바랍니다.

⑧ 스마트폰으로 메시지를 보내기 위해 Choose an action 화면에서 **Send an SMS**를 클릭하고, Connect service 화면이 나오면 **Connect**를 클릭합니다.

⑨ 다음과 같이 **전화번호**와 스마트폰으로 보낼 **메시지 내용**을 입력하고 Create action을 클릭합니다.

> **TIP**
> 전화번호는 국제번호 기준으로 입력해야 하며, 우리나라는 82로 시작합니다. 다음과 같이 여러분의 번호를 국제번호 기준으로 바꾸어 입력해 보세요.
>
> 010-1234-5678 => 8210-1234-5678

⑩ Create your own 화면에서 **Continue** 버튼을 클릭한 후 Review and finish 화면에서 **Finish** 버튼을 클릭합니다.

⑪ 전화번호를 입력하는 창이 나타나면 앞에서 입력한 **전화번호**를 입력하고 **Send link**를 클릭합니다. 잠시 후 IFTTT 앱을 내려받을 수 있는 링크를 SMS 메시지로 보내 줍니다. 해당 링크를 클릭하여 IFTTT 앱을 내려받습니다.

TIP
앱을 내려받고 앞에서 가입한 아이디로 로그인합니다. 이때 'IFTTT에서 SMS 메시지를 전송하고 보도록 허용하시겠습니까?'라고 권한을 묻는 창이 나오면 반드시 허용을 선택해야 합니다.

💬 IFTTT에서 SMS 메시지를
전송하고 보도록
허용하시겠습니까?

1/2 　　　　거부 　허용

⑫ Webhooks의 API를 확인하기 위해 우측 상단의 **얼굴 모양**을 클릭하고 **My services**를 클릭합니다.

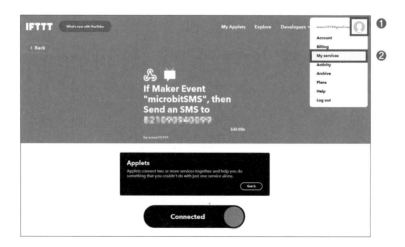

⑬ My services에서 **Webhooks**를 클릭하고, 우측 상단의 **Documentation**을 클릭합니다.

⑭ Documentation 화면의 To trigger an Event 아랫부분에서 'https'로 시작하는 URL의 '{event}' 부분을 클릭하여 **microbitSMS**로 고칩니다. 그리고 해당 URL을 드래그하여 복사하고 메모장 등에 기록해 둡니다.

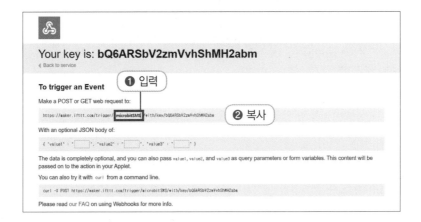

> **TIP**
> URL 주소에서 'key' 이후 문자는 HTTP 통신별 고유 문자이므로 모두 다릅니다. 그러므로 여러분 각자의 URL을 복사하여 저장해 두어야 합니다.

⑮ 다음은 마이크로비트 온도 센서가 측정한 온도 값을 업로드하고, IFTTT에 HTTP 통신을 보내기 위해 ThingSpeak 사이트에 로그인합니다.

- **ThingSpeak 사이트 바로가기** https://thingspeak.com/

ThingSpeak에 대한 내용은 10장을 참고하세요.

⑯ HTTP 통신을 보낼 준비를 하기 위해 메뉴에서 **Apps**와 **ThingHTTP**를 차례로 클릭하고, **New ThingHTTP**를 클릭합니다.

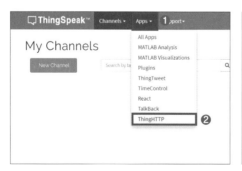

⑰ 다음 그림과 같이 **Name**과 **URL, Method, Content Type, HTTP Version** 란을 채우고, 하단의
Save ThingHTTP를 클릭합니다.

※ ThingHTTP 옵션 설정하기

변수 이름	설명	설명
Name	microbitSMS	HTTP 통신을 보낼 이름입니다. 다른 이름으로 입력해도 됩니다.
URL	(IFTTT의 Webhooks에서 복사한 URL)	IFTTT의 Webhooks에서 복사한 HTTP 통신 주소입니다. ThingSpeak의 HTTP 콘텐츠를 해당 URL로 보냅니다.
Method	POST	HTTP 통신의 한 종류로 'POST'는 '게시한다'는 뜻입니다.
Content Type	application/json	Json 명령어로 온도 센서 값을 전송합니다.
HTTP Version	1.1	HTTP 통신의 버전으로 1.1 버전을 사용합니다.

⑱ 어떤 조건에서 어떤 센서 값을 보낼지 정하기 위해 메뉴에서 **Apps**와 **React**를 차례로 클릭
하고, **New React** 버튼을 클릭합니다.

> **TIP**
> ThingSpeak의 React는 마이크로비트에서 전송받은 온도 값을 분석하여 HTTP 통신을 통해 다른 서버에 보내는 역할을 합니다. 이 프로젝
> 트에서는 마이크로비트의 온도가 30도 이상일 때 IFTTT의 WebHooks의 API Key를 이용하여 IFTTT로 해당 온도 값을 보냅니다.

⑲ 다음 그림과 같이 React Name, Condition Type, Test Frequency, Condition(if channel, field),
Action(then perform ThingHTTP) 란을 채우고, 하단의 Save React를 클릭합니다.

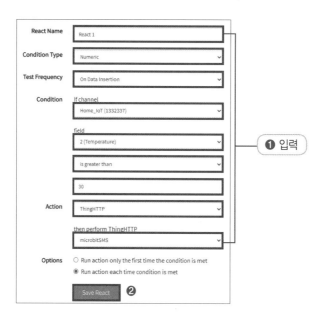

※ ThingHTTP 옵션 설정하기

옵션 이름		입력할 내용	설명
React Name		Alarm	React 이름입니다. 다른 이름으로 입력해도 됩니다.
Condition Type		Numeric	변숫값 타입을 의미합니다. 변수 타입은 크게 숫자(numeric)와 문자(string)가 있습니다. 여기서는 온도 값(숫자)을 다루므로 Numeric을 선택합니다.
Test Frequency		On Data Insertion	Test Frequency는 온도 값을 어떤 주기로 받는지 설정하는 옵션입니다. 데이터가 들어올 때마다(On Data Insertion), 10분마다, 30분마다, 60분마다 중에 설정할 수 있으며, 여기서는 '데이터가 들어올 때마다'로 설정합니다.
Condition	if channel	Home_IoT	10장에서 만들었던 채널에서 온도 값을 읽어 옵니다.
	field	2 (Temperature)	Home_IoT의 2번 필드인 Temperature를 활용한다는 의미입니다.
		Is greater than	필드에서 읽어 들인 온도 값이 아래의 기준값(30)보다 크면 그 다음에 나오는 Action을 취하라는 의미입니다.
		30	Is greater than의 조건이 되는 숫자입니다. 즉, 2번 필드에 들어오는 값이 30보다 크면 다음에 나오는 Action을 실행할 수 있습니다.

		ThingHTTP	HTTP 프로토콜을 사용하여 통신을 보냅니다.
Action	Then perform thingHTTP	microbitSMS	앞에서 설정한 microbitSMS라는 이름의 통신을 보냅니다.
Option		run action each time condition is met	'Run action only the first time the condition is met'에 체크하면 조건이 충족되면 한 번만 HTTP 통신을 보낸다는 뜻이고, 'Run action each time condition is met'에 체크하면 조건이 충족될 때마다 HTTP 통신을 보낸다는 뜻입니다.

㉔ MakeCode 편집기에서 **새 프로젝트**를 클릭하고, 프로젝트 이름을 **SMS화재경보기**이라고 입력한 뒤 **생성**을 클릭합니다.

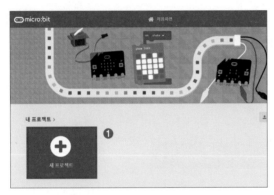

• **MakeCode 편집기 바로가기** https://makecode.microbit.org/

㉑ **고급** 꾸러미와 **확장** 꾸러미를 차례로 클릭한 뒤, 검색창에 **iot**를 입력하고 **iot-environment-kit**를 선택합니다.

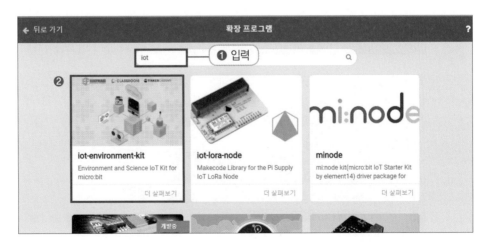

초기화하기

① 와이파이 연결을 위해 **ESP8266_IoT** 꾸러미에서 `set ESP8266 RX P8 TX P12 Baud rate 115200` 블록을 가져와 `시작하면 실행` 블록 안쪽에 연결합니다.

```
시작하면 실행
    set ESP8266 RX  P8 ▼  TX  P12 ▼  Baud rate  115200 ▼
```

알고리즘에 따라 코딩하기

① 마이크로비트가 와이파이에 연결되었는지 확인하기 위해 **논리** 꾸러미에서 `만약(if) 참(true)이면(then) 실행 / 아니면(else) 실행` 블록을 가져와 `무한반복 실행` 블록 안쪽에 연결합니다. 그리고 **ESP8266_IoT** 꾸러미에서 `Wifi connected 거짓(false)` 블록을 가져와 '참(true)' 부분에 끼우고 '거짓'을 **참**으로 바꿉니다.

```
무한반복 실행
    만약(if)  Wifi connected  참(true) ▼  이면(then) 실행
        아이콘 출력  ▦ ▼
    아니면(else) 실행                                    ⊖
    ⊕
```

② 와이파이에 연결되지 않으면 연결을 시도할 수 있도록 **ESP8266_IoT** 꾸러미에서 `connect Wifi SSID = "your_ssid" KEY = "your_pw"` 블록을 가져와 다음과 같이 연결합니다.

```
무한반복 실행
    만약(if)  Wifi connected  참(true) ▼  이면(then) 실행
        아이콘 출력  ▦ ▼
    아니면(else) 실행                                    ⊖
        connect Wifi SSID = "your_ssid"  KEY = "your_pw"
    ⊕
```

> **TIP**
> your_ssid 및 your_pw에는 여러분의 와이파이 아이디와 비밀번호를 입력합니다.

❸ 마이크로비트가 ThingSpeak에 연결되면 작은 하트 모양 아이콘을 출력하도록 다음과 같이
블록을 연결합니다.

❹ ThingSpeak에 연결되지 않으면 다시 연결을 시도하도록 **ESP8266_IoT** 꾸러미에서 connect
thingspeak 블록을 가져와 다음과 같이 연결합니다.

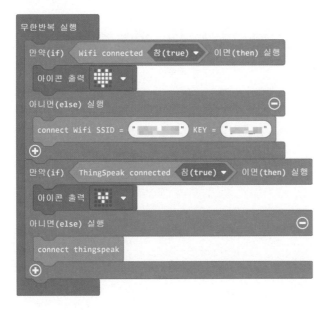

⑤ ThingSpeak에 보낼 데이터(센서가 측정한 온도 값)를 설정하기 위해 **ESP8266_IoT** 꾸러미
에서 `Set data to send ThingSpeak` 블록을 가져와 **아이콘 출력** 블록 아래에 연결하고, "your_
write_api_key" 부분에 Home_IoT 채널의 Write API key를 복사하여 붙여 넣습니다.

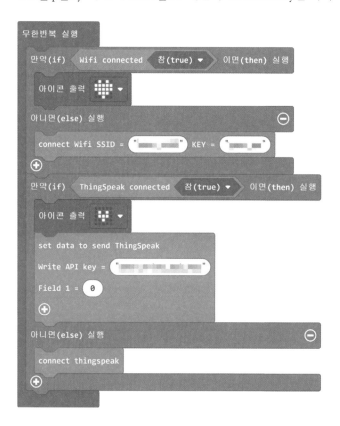

> **TIP**
> Write API key는 ThingSpeak에서 Channels -> Home_IoT -> API Keys 탭을 클릭하면 확인할 수 있습니다. 자세한 내용은 10장 217쪽을
> 참고하세요.

⑥ set data to send Thingspeak 블록 밑에 보이는 **[+]** 버튼을 클릭하여 Field 2를 추가한 뒤 **입력** 꾸러미에서 온도센서 값(℃) 블록을 가져와 Field 2의 '0' 부분에 끼웁니다.

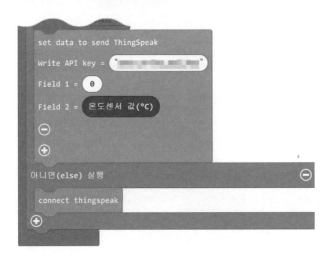

> **TIP** 여기서는 10장에서 만든 Home_IoT 채널을 사용하기 때문에 Home_IoT 채널의 온도 값 필드인 Field 2에 온도센서 값(℃) 블록을 연결했습니다.

⑦ 설정한 데이터를 ThingSpeak에 업로드하기 위해 **ESP8266_IoT** 꾸러미에서 Upload data to ThingSpeak 블록을 가져와 다음과 같이 연결합니다.

코드 업로드하기

① 완성한 코드를 마이크로비트에 업로드하여 프로젝트를 실행하겠습니다. 먼저, 편집기 하단의 **다운로드** 버튼을 클릭하여 완성한 코드를 내려받습니다.

② 마이크로 5핀 USB 케이블을 사용하여 마이크로비트와 PC를 연결하면 MICROBIT 드라이브 창이 열립니다.

❸ 앞에서 내려받은 hex 파일을 마우스 오른쪽 버튼을 클릭하여 복사하고, MICROBIT 드라이브에 붙여 넣습니다.

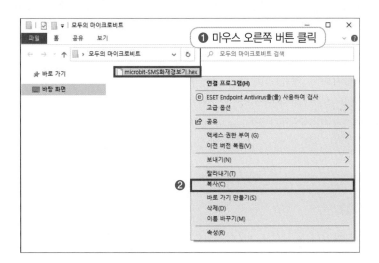

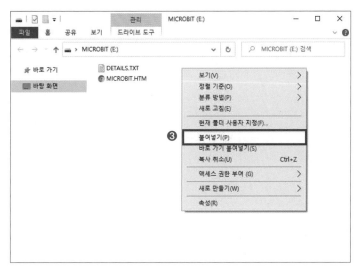

이제 SMS 화재 경보기를 사용할 준비를 마쳤습니다. 여러분이 만든 작품이 잘 작동하는지 확인해 보세요.

☐ 핫팩이나 전열기 등을 사용하여 마이크로비트를 뜨겁게 만들어 보세요. 다음과 같이 스마트폰으로 위험을 알리는 메시지가 전송되었나요?

 마이크로비트의 온도가 30도 이상입니다!

마이크로비트의 온도가 30도 이상입니다!

마이크로비트의 온도가 30도 이상입니다!

마이크로비트의 온도가 30도 이상입니다! 03:48

왜 안 될까요?

프로젝트가 제대로 실행되지 않는다면 다음과 같은 사항을 확인해 보세요.

1. 마이크로비트 LED 화면에 큰 하트와 작은 하트가 반복적으로 나타나는지 확인해 보세요. 큰 하트가 보이지 않으면 와이파이가 연결되지 않은 것이고, 작은 하트가 보이지 않으면 ThingSpeak 사이트에 연결되지 않은 것입니다. 이럴 때는 여러분의 와이파이 아이디와 비밀번호, Write API Key를 다시 입력해 보세요.

2. 핫팩이나 전열기를 사용해 온도를 높이기 어렵다면 ThingSpeak의 React 옵션을 더 낮게 고쳐 보세요.

13장

스마트 스쿨 만들기

앞에서 우리는 다양한 프로젝트를 만들었습니다. 앞에서 만든 프로젝트를 응용하여 우리가 많은 시간을 보내는 학교를 더욱 편리하게 만들어 볼까요? 어두우면 불을 켜 주는 실내등, 실내 미세먼지 농도가 높아지면 팬을 돌려 환기해 주는 환풍기, 사람이 다가오면 열리는 자동문, 책상에 앉아 꾸벅꾸벅 졸면 졸음방지 알림을 울려 주는 책상이 있으면 어떨까요? 마이크로비트와 다양한 센서를 사용하여 여러분의 학교를 스마트 스쿨로 변신시켜 볼까요?

13.1 어두우면 불이 켜지는 스마트 조명

마이크로비트와 조도 센서, RGB-LED를 사용하여 주변 밝기에 따라 불이 조절되는 스마트한 조명을 만들어 볼까요?

준비물 준비하기

다음과 같이 필요한 부품과 꾸미기 재료를 준비합니다.

마이크로비트

iot:bit 확장 보드

조도 센서

RGB-LED

OLED

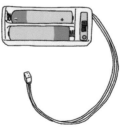

AAA 배터리 박스와 건전지 2개

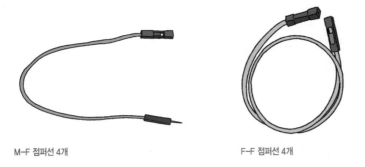

M-F 점퍼선 4개 　　　　　　　　　　　　　F-F 점퍼선 4개

꾸미기 재료: 우드락(또는 두꺼운 도화지), 도화지(또는 재활용 종이), 테이프, 가위(또는 칼)

하드웨어 연결하기

다음 그림과 같이 마이크로비트에 iot:bit와 OLED, 조도 센서, RGB LED, AAA 배터리 박스를 차례로 연결합니다.

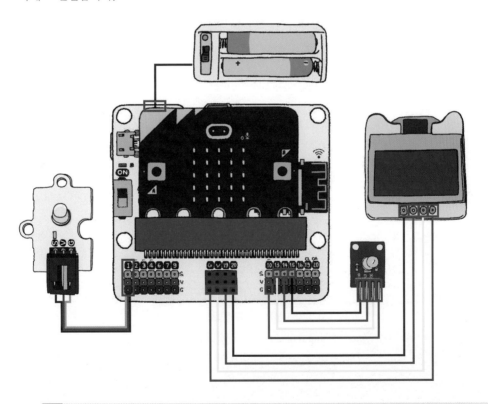

> **TIP** 조도 센서는 iot:bit 1번 핀에 연결하고, OLED는 iot:bit에 바로 연결하지 않고 M-F 점퍼선 4개를 사용하여 연결합니다(M-F 점퍼선으로 연결하는 방법은 6장 124쪽을 참고하세요). RGB-LED는 R, G, B 판을 순서대로 13, 14, 15번 S 핀에 연결하고, GND 판을 10번 G 핀에 연결합니다(RGB-LED를 연결하는 자세한 방법은 6장 125쪽을 참고하세요)

겉모습 꾸미기

앞에서 연결한 하드웨어를 스마트 조명처럼 꾸며 보세요. 스마트 스쿨의 한쪽 벽면에 RGB-LED를 붙이고 LED 부분을 도화지로 덮어 전등갓을 만들어 줍니다. 밝기를 측정할 조도 센서를 전등갓 가까이 붙이고, 밝기 값을 출력할 OLED도 적당한 위치에 고정합니다.

> **TIP** 스마트 스쿨의 전체 모습은 282쪽에서 확인할 수 있습니다. 전체 모습을 참고하여 스마트 조명을 만들어 보세요.

코딩하기

🔵 **완성 파일** microbit-스마트조명.hex

다음과 같이 교실이 어두우면 불이 켜지고 밝아지면 다시 꺼지는 스마트 조명 코드를 완성해 보세요.

```
시작하면 실행
initialize OLED with width 128 height 64
```
마이크로비트에 전원이 들어오면
OLED 화면 해상도를 **128*64**로 초기화합니다.

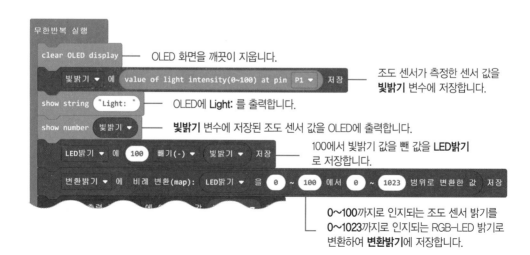

```
무한반복 실행
clear OLED display ── OLED 화면을 깨끗이 지웁니다.
빛밝기 ▼ 에 value of light intensity(0~100) at pin P1 ▼ 저장
show string "Light: " ── OLED에 Light: 를 출력합니다.
show number 빛밝기 ▼
LED밝기 ▼ 에 100 빼기(-) ▼ 빛밝기 ▼ 저장
변환밝기 ▼ 에 비례 변환(map): LED밝기 ▼ 을 0 ~ 100 에서 0 ~ 1023 범위로 변환한 값 저장
```

조도 센서가 측정한 센서 값을 **빛밝기** 변수에 저장합니다.

빛밝기 변수에 저장된 조도 센서 값을 OLED에 출력합니다.

100에서 빛밝기 값을 뺀 값을 **LED밝기**로 저장합니다.

0~100까지로 인지되는 조도 센서 밝기를 0~1023까지로 인지되는 RGB-LED 밝기로 변환하여 **변환밝기**에 저장합니다.

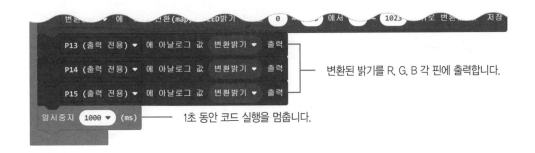

P13 (출력 전용) ▼	에 아날로그 값	변환밝기 ▼	출력
P14 (출력 전용) ▼	에 아날로그 값	변환밝기 ▼	출력
P15 (출력 전용) ▼	에 아날로그 값	변환밝기 ▼	출력

변환된 밝기를 R, G, B 각 핀에 출력합니다.

일시중지 1000 ▼ (ms) ── 1초 동안 코드 실행을 멈춥니다.

> **TIP** LED 조명은 빛이 밝을 때 꺼지고 빛이 어두울 때 켜져야 하므로 100에서 빛밝기 값을 뺀 값으로 LED밝기 변수를 저장했습니다. 기준값이 100인 이유는 조도 센서가 0부터 100 사이의 값으로 인지되기 때문입니다.

13.2 미세먼지 농도가 높으면 돌아가는 스마트 환풍기

마이크로비트와 미세먼지 센서, DC 모터를 사용하여 미세먼지 농도가 높아지면 환기를 해주는 환풍기를 만들어 볼까요?

준비물 준비하기

다음과 같이 필요한 부품과 꾸미기 재료를 준비합니다.

마이크로비트

iot:bit 확장 보드

미세먼지 센서

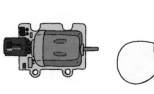

DC 모터와 날개

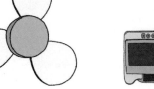

OLED

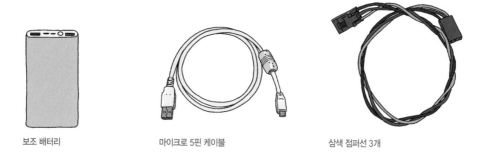

보조 배터리   마이크로 5핀 케이블   삼색 점퍼선 3개

꾸미기 재료: 재활용 상재(또는 하드보드지), 자, 가위, 칼, 양면 테이프

하드웨어 연결하기

다음 그림과 같이 마이크로비트에 iot:bit와 OLED, 미세먼지 센서, DC 모터와 날개, 보조 배
터리를 차례로 연결합니다.

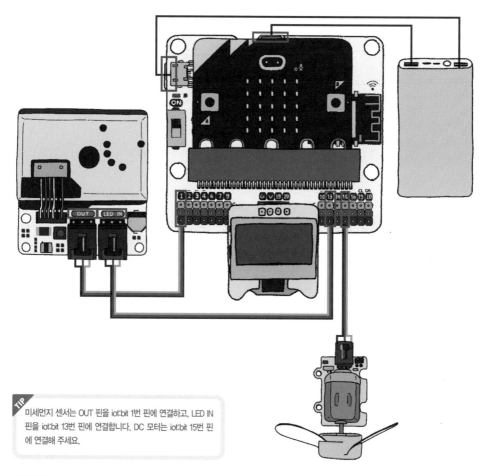

> **TIP**
> 미세먼지 센서는 OUT 핀을 iot:bit 1번 핀에 연결하고, LED IN
> 핀을 iot:bit 13번 핀에 연결합니다. DC 모터는 iot:bit 15번 핀
> 에 연결해 주세요.

겉모습 꾸미기

앞에서 연결한 하드웨어를 스마트 환풍기처럼 꾸며 보세요. 재활용 상자나 두꺼운 도화지를 사용하여 외형을 만들고, 다음과 같이 마이크로비트 LED 매트릭스 부분과 OLED, DC 모터의 날개 부분이 밖으로 보이도록 오려냅니다.

코딩하기

● **완성 파일** microbit-스마트환풍기.hex

다음과 같이 미세먼지 농도가 30㎍/㎥이 넘으면 선풍기 팬을 돌려 환기를 시키고, 30㎍/㎥를 넘지 않으면 선풍기 팬을 멈추는 스마트 환풍기 코드를 완성해 보세요.

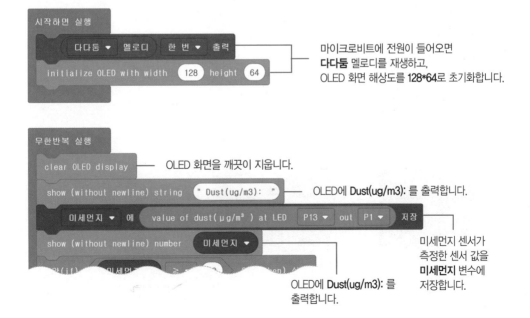

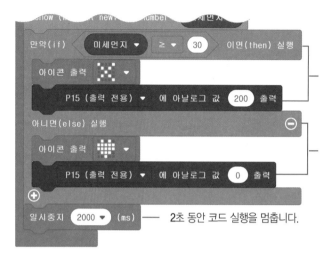

미세먼지 농도가 30과 같거나 높으면
X 모양 아이콘을 출력하고
DC 모터를 회전시킵니다.

미세먼지 농도가 30보다 낮으면
하트 모양 아이콘을 출력하고
DC 모터 회전을 중지시킵니다.

2초 동안 코드 실행을 멈춥니다.

> **TIP** 일시중지 2000 (ms) 블록이 없으면 무한반복 실행 블록 안에 있는 블록들이 빠르게 반복되어 OLED에 출력된 미세먼지 농도를 읽기가 어렵습니다.

13.3 사람이 다가오면 문을 열어 주는 스마트 도어

마이크로비트와 초음파 센서, 서보 모터를 사용하여 사람이 다가오면 문을 열어 주는 스마트 도어를 만들어 볼까요?

준비물 준비하기

다음과 같이 필요한 부품과 꾸미기 재료를 준비합니다.

마이크로비트

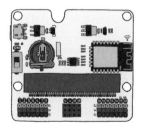

iot:bit 확장 보드

초음파 센서(Sonar:bit)

180도 서보 모터와 날개(한쪽 날개)   보조 배터리

마이크로 5핀 케이블 2개   삼색 점퍼선

꾸미기 재료: 우드락, 도화지, 클립, 테이프, 펜, 가위, 자

하드웨어 연결하기

다음 그림과 같이 마이크로비트에 iot:bit와 초음파 센서(Sonar:bit), 180도 서보 모터, 보조 배터리를 차례로 연결합니다.

> **TIP**
> 초음파 센서는 iot:bit 1번 핀에 연결하고, 서보 모터는 iot:bit 2번 핀에 연결합니다.

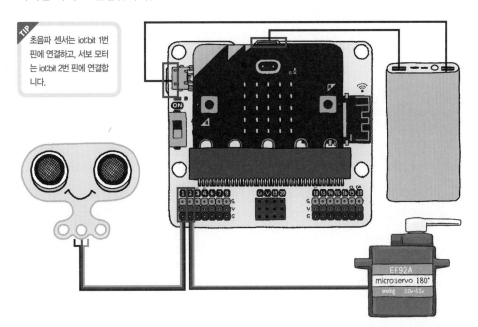

겉모습 꾸미기

앞에서 연결한 하드웨어를 스마트 도어처럼 꾸며 보세요. 다음 그림처럼 초음파 센서가 사람을
감지할 수 있도록 문 앞쪽 윗부분에 붙여 주세요. 그리고 클립을 구부려 서보 모터 날개에 붙인
후 문 모양으로 오려낸 우드락에 붙여 주세요. 클립이 문의 경첩 역할을 해주는 겁니다.

 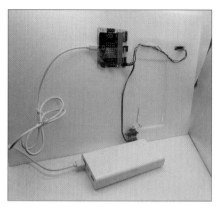

TIP 문 모양으로 오려낸 우드락의 한쪽 면은 테이프를 이용해 붙여 주세요. 그래야 문이 열릴 때 떨어지지 않습니다.

코딩하기

● **완성 파일** microbit-스마트도어.hex

다음과 같이 초음파 센서가 측정한 사람과의 거리가 14 미만이면 서보 모터를 회전시켜 문을
열고, 14 미만이 아니면 문을 닫는 스마트 도어 코드를 완성해 보세요.

```
시작하면 실행
아이콘 출력 [하트] ▼
```
마이크로비트에 전원이 들어오면
하트 모양 아이콘을 출력합니다.

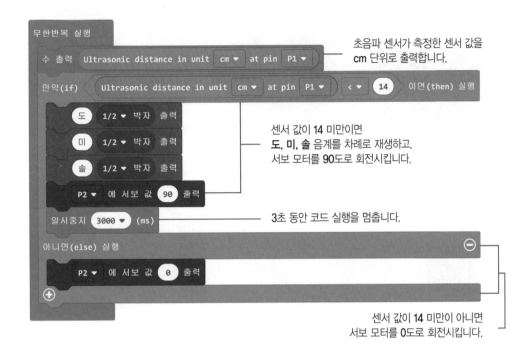

초음파 센서가 측정한 센서 값을
cm 단위로 출력합니다.

센서 값이 14 미만이면
도, 미, 솔 음계를 차례로 재생하고,
서보 모터를 **90**도로 회전시킵니다.

3초 동안 코드 실행을 멈춥니다.

센서 값이 **14** 미만이 아니면
서보 모터를 0도로 회전시킵니다.

> **TIP** 코드에 사용한 기준값 14는 원하는 수치로 변경해도 됩니다. 여러분이 만든 문의 크기나 높이에 따라 조정하거나 문을 여닫는 기준을 사람이 좀 더 가까이 다가왔을 때로 하고 싶다면 그에 맞는 기준으로 자유롭게 조정해 보세요.

13.4 잠을 깨워 주는 스마트 책상

마이크로비트와 초음파 센서를 사용하여 책상과의 거리가 가까워지면 경고음을 내는 스마트 책상을 만들어 볼까요?

준비물 준비하기

다음과 같이 필요한 부품과 꾸미기 재료를 준비합니다.

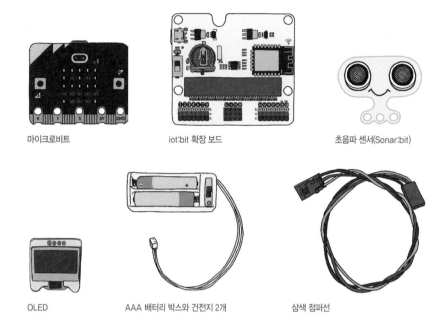

마이크로비트   iot:bit 확장 보드   초음파 센서(Sonar:bit)

OLED   AAA 배터리 박스와 건전지 2개   삼색 점퍼선

꾸미기 재료: 재활용 상자(또는 하드보드지), 자, 칼, OHP 필름

하드웨어 연결하기

다음 그림과 같이 마이크로비트에 iot:bit와 OLED, 초음파 센서(Sonar:bit), AAA 배터리 박스
를 차례로 연결합니다.

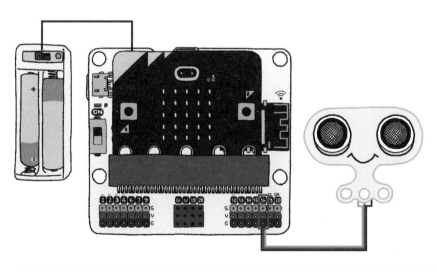

TIP 초음파 센서를 iot:bit 16번 핀에 연결합니다.

겉모습 꾸미기

앞에서 연결한 하드웨어를 스마트 책상처럼 꾸며 보세요. 재활용 상자나 하드보드지를 사용해 책상 모양을 만들어 앞에서 만든 하드웨어를 넣어 줍니다. 마이크로비트의 LED 매트릭스와 초음파 센서가 가려지지 않도록 꾸며 주세요.

> **TIP** 오려낸 책상 부분에는 OHP 필름을 붙였는데, OHP 필름이 없다면 생략해도 됩니다.

코딩하기

● **완성 파일** microbit-스마트책상.hex

다음과 같이 초음파 센서가 측정한 책상과 사람 사이의 거리가 10 미만이면 '잠듦' 아이콘을 출력하고 경고음을 울리는 스마트 책상 코드를 완성해 보세요.

 마이크로비트에 전원이 들어오면
LED 스크린을 깨끗이 지웁니다.

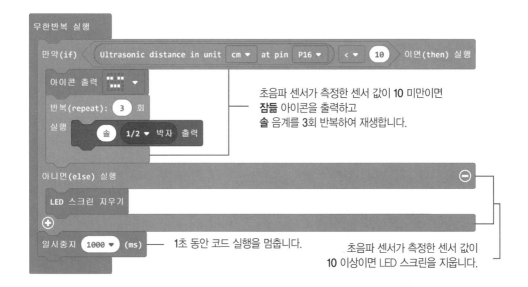

초음파 센서가 측정한 센서 값이 **10** 미만이면
잠듦 아이콘을 출력하고
솔 음계를 3회 반복하여 재생합니다.

1초 동안 코드 실행을 멈춥니다.

초음파 센서가 측정한 센서 값이
10 이상이면 LED 스크린을 지웁니다.

13.5   스마트 스쿨 완성하기

앞에서 만든 스마트 조명, 스마트 환풍기, 스마트 도어, 스마트 책상을 한 곳에 모아 스마트 스쿨을 완성해 보세요.

✔ 체크리스트

☐ 주변이 어두워지면 자동으로 불이 켜지고, 주변 밝기에 따라 LED 밝기가 조정되나요?

☐ 미세먼지 농도가 높아지면 X 모양 아이콘이 나타나고 환풍기가 작동하나요?

☐ 문 가까이 다가가면 소리가 나면서 문이 열리나요?

☐ 책상 가까이에 다가가면 경고를 울리나요?

👀 왜 안 될까요?

프로젝트가 제대로 실행되지 않는다면 다음과 같은 사항을 확인해 보세요.

1. 스마트 조명(RGB–LED)이 주변 밝기에 반응하지 않는다면 `비례 변환(map)` 코드를 다시 한번 확인해 보세요.

2. 미세먼지 값이 측정되지 않으면 센서의 동그란 부분이 최대한 공기와 접촉할 수 있도록 위치를 조정해 주세요. 모터가 돌아가지 않으면 배터리가 잘 연결되어 있는지 다시 확인해 보세요. 겉모습 꾸미기를 하면서 연결이 떨어지기도 한답니다.

3. 스마트 도어의 문이 열리지 않으면 클립을 뗀 후에 테스트해 보세요. 클립을 떼어낸 후 서보 모터가 잘 작동하면 서보 모터 날개가 회전한 방향에 맞게 클립을 다시 붙입니다.

4. 스마트 책상이 너무 민감하게 작동한다면, 부등호 뒤의 수치를 더 크게 조절해 보세요.

14장

스마트 시티 만들기

13장에서는 스마트 스쿨을 만들어 보았습니다. 그렇다면 '도시'를 좀 더 편리하고 살기 좋게 하려면 어떤 것들이 필요할까요? 외출했을 때 우리 집을 지켜 줄 침입 감지기, 날씨를 정확하게 알려 주는 전광판, 밤이 되면 자동으로 켜지는 가로등, 횡단보도에 서 있는 사람을 인식하여 신호를 바꿔 주는 신호등이 있으면 좋지 않을까요? 마이크로비트와 다양한 센서를 사용해 우리 동네를 스마트 시티로 만들어 볼까요?

14.1 움직임을 감지하면 경보를 울리는 침입 감지기

마이크로비트와 인체 감지 센서를 사용하여 집안에 움직임이 있을 때 경보를 울리는 침입 감지기를 만들어 볼까요?

준비물 준비하기

다음과 같이 필요한 부품과 꾸미기 재료를 준비합니다.

마이크로비트

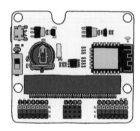

iot:bit 확장 보드

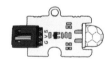

인체 감지 센서

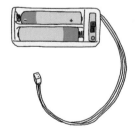

AAA 배터리 박스와 건전지 2개

삼색 점퍼선

꾸미기 재료: 하드보드지, 색 도화지, 자, 칼, 테이프

하드웨어 연결하기

다음 그림과 같이 마이크로비트에 iot:bit와 인체 감지 센서, AAA 배터리 박스를 차례로 연결합니다.

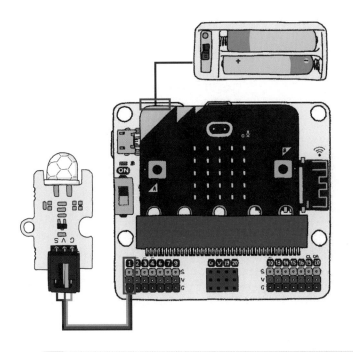

TIP 인체 감지 센서를 iot:bit 1번 핀에 연결합니다.

겉모습 꾸미기

앞에서 연결한 하드웨어를 침입 감지기처럼 꾸며 보세요. 재활용 박스나 하드보드지로 집 모양을 만들고 집 안쪽에 인체 감지 센서를 고정합니다. 그래야 집안에서 움직이는 누군가를 감지할 수 있겠죠? 나머지 하드웨어는 지붕 밑 공간에 숨겨 주세요.

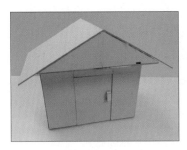  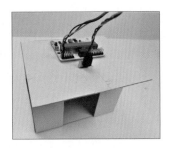

코딩하기

● **완성 파일** microbit-침입감지기.hex

다음과 같이 인체 감지 센서가 움직임을 감지하면 경고음을 출력하고, 움직임을 감지하지 못하면 경고음을 모두 멈추는 침입 감지기 코드를 완성해 보세요.

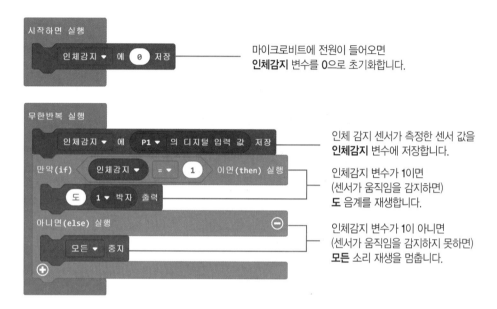

마이크로비트에 전원이 들어오면
인체감지 변수를 0으로 초기화합니다.

인체 감지 센서가 측정한 센서 값을
인체감지 변수에 저장합니다.

인체감지 변수가 1이면
(센서가 움직임을 감지하면)
도 음계를 재생합니다.

인체감지 변수가 1이 아니면
(센서가 움직임을 감지하지 못하면)
모든 소리 재생을 멈춥니다.

14.2 날씨 정보를 실시간으로 알려 주는 날씨 전광판

마이크로비트와 미세먼지 센서, 수위 감지 센서를 사용하여 우리동네 날씨를 실시간으로 알려 주는 날씨 전광판을 만들어 볼까요?

준비물 준비하기

다음과 같이 필요한 부품과 꾸미기 재료를 준비합니다.

마이크로비트

iot:bit 확장 보드

미세먼지 센서

OLED

수위 감지 센서

AAA 배터리 박스와 건전지 2개

삼색 점퍼선 3개

꾸미기 재료: 재활용 상자(또는 하드보드지), 자, 가위, 칼, 양면 테이프

하드웨어 연결하기

다음 그림과 같이 마이크로비트에 iot:bit와 OLED, 미세먼지 센서, 수위 감지 센서, AAA 배터리 박스를 차례로 연결합니다.

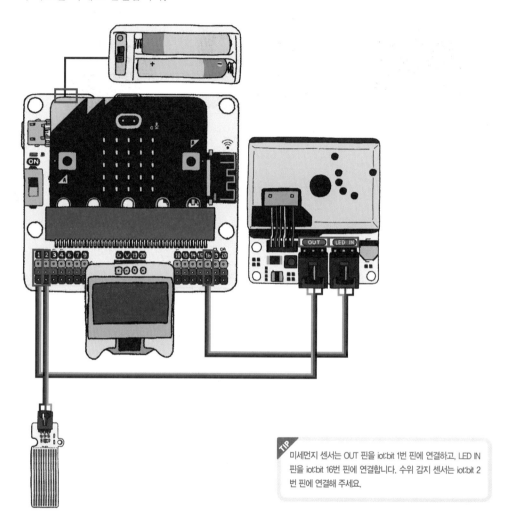

> **TIP**
> 미세먼지 센서는 OUT 핀을 iot:bit 1번 핀에 연결하고, LED IN 핀을 iot:bit 16번 핀에 연결합니다. 수위 감지 센서는 iot:bit 2번 핀에 연결해 주세요.

겉모습 꾸미기

앞에서 연결한 하드웨어를 날씨 전광판처럼 꾸며 보세요. 하드보드지나 재활용 상자로 외형을 만들고, OLED 화면과 미세먼지 센서가 밖으로 보이도록 상자를 오려냅니다.

TIP 수위 감지 센서는 센서의 가장 밑부분이 외형의 바닥에 닿도록 붙여 주세요. 그래야 강수량을 보다 정확하게 측정할 수 있겠죠?

코딩하기

● **완성 파일** microbit-날씨전광판.hex

다음과 같이 미세먼지 센서, 수위 감지 센서, 온도 센서가 각각 미세먼지 농도, 강수량, 온도를 측정하여 실시간(1초마다)으로 OLED에 출력하는 날씨 전광판 코드를 완성해 보세요.

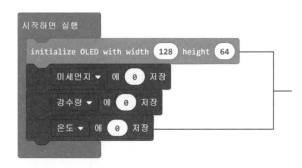

마이크로비트에 전원이 들어오면
OLED 화면 해상도를 **128*64**로 초기화하고
미세먼지, 강수량, 온도 변수를 0으로 초기
화합니다.

미세먼지 센서가 측정한 센서 값을
미세먼지 변수에 저장합니다.

수위 감지 센서가
측정한 센서 값을
강수량 변수에 저장
합니다.

온도 센서가 측정한 센서 값을
온도 변수에 저장합니다.

OLED 화면을 깨끗이 지웁니다.

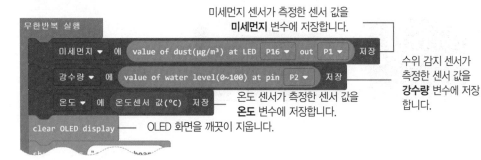

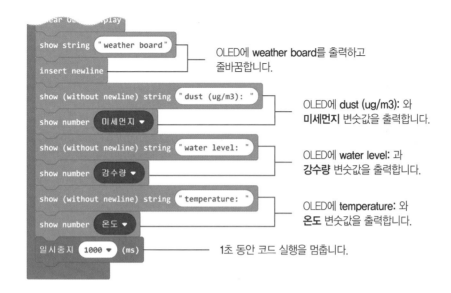

OLED에 **weather board**를 출력하고
줄바꿈합니다.

OLED에 **dust (ug/m3):** 와
미세먼지 변숫값을 출력합니다.

OLED에 **water level:** 과
강수량 변숫값을 출력합니다.

OLED에 **temperature:** 와
온도 변숫값을 출력합니다.

1초 동안 코드 실행을 멈춥니다.

14.3 밤이 되면 저절로 켜지는 스마트 가로등

마이크로비트와 조도 센서, LED 모듈을 사용하여 어두운 밤이 되면 저절로 켜지는 가로등을
만들어 볼까요?

준비물 준비하기

다음과 같이 필요한 부품과 꾸미기 재료를 준비합니다.

마이크로비트

iot:bit 확장 보드

조도 센서

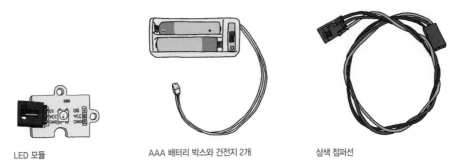

LED 모듈　　　　　　AAA 배터리 박스와 건전지 2개　　　　삼색 점퍼선

꾸미기 재료: 하드보드지, 나무 젓가락, 색 도화지, 자, 칼, 테이프

하드웨어 연결하기

다음 그림과 같이 마이크로비트에 iot:bit와 조도 센서, LED 모듈, AAA 배터리 박스를 차례로
연결합니다.

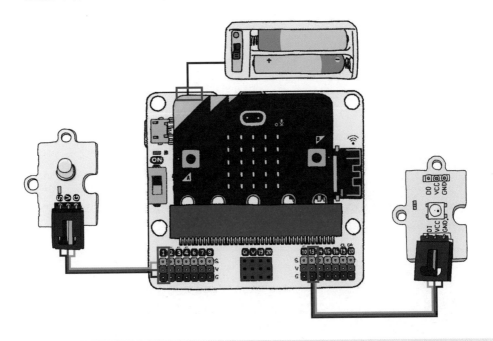

> **TIP** 조도 센서는 iot:bit 1번 핀에 연결하고, LED 모듈은 iot:bit 13번 핀에 연결합니다.

겉모습 꾸미기

앞에서 연결한 하드웨어를 스마트 가로등답게 꾸며 보세요. 하드보드지로 조도 센서와 LED 모듈이 들어갈 작은 상자를 만들고, 나무 젓가락을 붙여 전봇대 역할을 할 기둥을 만듭니다.

TIP 사각형 상자의 윗부분과 아랫부분을 오려내고, 윗부분에는 조도 센서를 붙이고 아랫부분에는 LED 모듈을 붙여주세요. 이때 센서 부분은 모두 바깥으로 보여야 합니다. 그래야 조도 센서가 주변 빛을 측정하고 LED 모듈의 가로등 불빛이 밖으로 보이겠지요?

코딩하기

● **완성 파일** microbit-스마트가로등.hex

다음과 같이 주변이 어두워지면 자동으로 LED를 켜는 스마트 가로등 코드를 완성해 보세요.

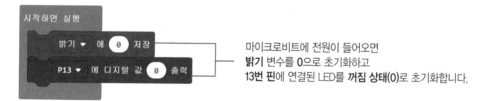

마이크로비트에 전원이 들어오면
밝기 변수를 0으로 초기화하고
13번 핀에 연결된 LED를 **꺼짐 상태(0)**로 초기화합니다.

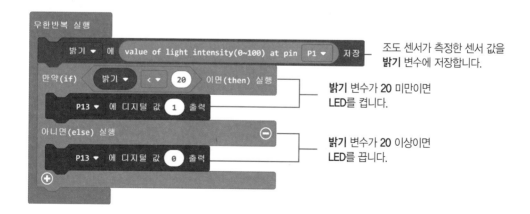

조도 센서가 측정한 센서 값을
밝기 변수에 저장합니다.

밝기 변수가 **20** 미만이면
LED를 켭니다.

밝기 변수가 **20** 이상이면
LED를 끕니다.

14.4 보행자를 인식하여 신호를 바꾸는 스마트 신호등

마이크로비트와 인체 감지 센서, LED 모듈을 사용하여 보행자가 있을 때만 보행 신호로 바꿔 주는 스마트 신호등을 만들어 볼까요?

준비물 준비하기

다음과 같이 필요한 부품과 꾸미기 재료를 준비합니다.

마이크로비트

iot:bit 확장 보드

LED 모듈 2개

인체 감지 센서

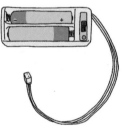

AAA 배터리 박스와 건전지 2개

삼색 점퍼선 3개

꾸미기 재료: 하드보드지, 자, 칼, 테이프, 나무젓가락

하드웨어 연결하기

다음 그림과 같이 마이크로비트에 iot:bit와 인체 감지 센서, LED 모듈 두 개, AAA 배터리 박스를 차례로 연결합니다.

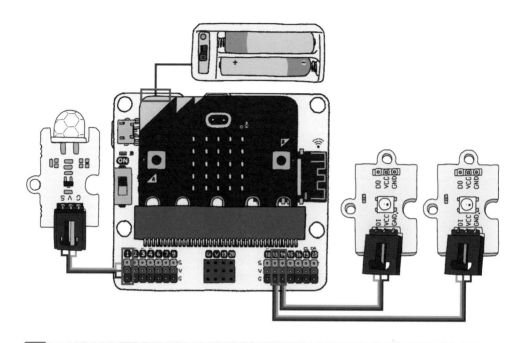

겉모습 꾸미기

앞에서 연결한 하드웨어를 스마트 신호등답게 꾸며 보세요. 하드보드지로 LED 모듈이 들어갈 작은 상자 2개를 만들고, 상자 안쪽에 LED 모듈을 하나씩 붙입니다. 하나의 상자에는 인체 감지 센서를 붙여 보행자용 신호등으로 만들어 주세요. 그리고 각 상자에 나무 젓가락을 붙여 기둥을 만듭니다.

코딩하기

● **완성 파일** microbit-스마트신호등.hex

다음과 같이 인체 감시 센서가 보행자를 감지하면 차량용 신호등을 빨간색으로 바꾸고 보행자용 신호등을 초록색으로 바꾸는 스마트 신호등 코드를 완성해 보세요.

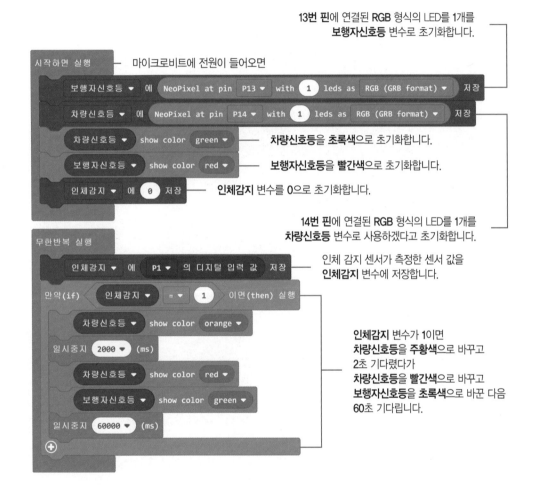

13번 핀에 연결된 **RGB** 형식의 LED를 1개를 **보행자신호등** 변수로 초기화합니다.

마이크로비트에 전원이 들어오면

차량신호등을 **초록색**으로 초기화합니다.

보행자신호등을 **빨간색**으로 초기화합니다.

인체감지 변수를 0으로 초기화합니다.

14번 핀에 연결된 **RGB** 형식의 LED를 1개를 **차량신호등** 변수로 사용하겠다고 초기화합니다.

인체 감지 센서가 측정한 센서 값을 **인체감지** 변수에 저장합니다.

인체감지 변수가 1이면 **차량신호등**을 **주황색**으로 바꾸고 2초 기다렸다가 **차량신호등**을 **빨간색**으로 바꾸고 **보행자신호등**을 **초록색**으로 바꾼 다음 60초 기다립니다.

앞에서 만든 침입 감지기, 날씨 전광판, 스마트 가로등, 스마트 신호등을 한 곳에 모아 스마트 시티를 완성해 보세요.

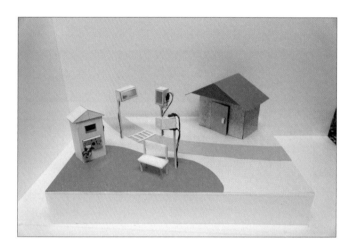

✔ 체크리스트

☐ 빈집에 움직임이 있으면 경고음이 울리나요?

☐ 전광판에 미세먼지 수치, 강수량, 현재 온도가 실시간으로 표시되나요?

☐ 주변이 어두워지면 가로등이 켜지나요?

☐ 횡단보도에 사람이 서 있으면 보행 신호가 초록색으로 바뀌나요?

⁇ 왜 안 될까요?

프로젝트가 제대로 실행되지 않는다면 다음과 같은 사항을 확인해 보세요.

1. 침입 감지기의 인체 감지 센서가 움직임을 감지하지 못한다면 센서의 위치를 바꿔 보세요.

2. 각 센서를 연결한 iot:bit 핀 번호와 코드에서 사용한 핀 번호를 비교해 보세요.

3. 주변이 너무 밝아서 테스트하기가 어렵다면 비교 값 20을 더 높게 조정해 보세요.

4. 스마트 신호등에서 신호등 색이 의도한 대로 바뀌지 않는다면 코드에서 변수들을 확인해 보세요. 변수가 여러 개이므로 헷갈릴 수 있어요.

찾 아 보 기

기호 및 숫자